中小企業等経営強化法

法律・施行令・施行規則

〈重要法令シリーズ014〉

信山社

7084-0101

＜目　次＞

中小企業等経営強化法

（平成11年3月31日法律第18号）

中小企業経営革新支援法をここに公布する。

目次

第一章　　総則

（目的）

第一条　　この法律は、中小企業等の多様で活力ある成長発展が経済の活性化に果たす役割の重要性に鑑み、創業及び新たに設立された企業の事業活動の支援、中小企業の経営革新及び異分野の中小企業の連携による新事業分野開拓並びに中小企業等の経営力向上の支援並びに中小企業の事業継続力強化の支援を行うとともに、地域におけるこれらの活動に資する事業環境を整備すること等により、中小企業等の経営強化を図り、もって国民経済の健全な発展に資することを目的とする。

（定義）

第二条　　この法律において「中小企業者」とは、次の各号のいずれかに該当する者をいう。

一　　資本金の額又は出資の総額が三億円以下の会社並びに常時使用する従業員の数が三百人以下の会社及び個人であって、製造業、建設業、運輸業その他の業種（次号から第四号までに掲げる業種及び第五号の政令で定める業種を除く。）に属する事業を主たる事業として営むもの

二　　資本金の額又は出資の総額が一億円以下の会社並びに常時使用する従業員の数が百人以下の会社及び個人であって、卸売業（第五号の政令で定める業種を除く。）に属する事業を主たる事業として営むもの

三　　資本金の額又は出資の総額が五千万円以下の会社並びに常時使用する従業員の数が百人以下の会社及び個人であって、サービス業（第五号の政令で定める業種を除く。）に属する事業を主たる事業として営むもの

四　　資本金の額又は出資の総額が五千万円以下の会社並びに常時使用する従業員の数が五十人以下の会社及び個人であって、小売業（次号の政令で定める業種を除く。）に属する事業を主たる事業として営むもの

五　　資本金の額又は出資の総額がその業種ごとに政令で定める金額以下の会社並びに常時使用する従業員の数がその業種ごとに政令で定める数以下の会社及び個

人であって、その政令で定める業種に属する事業を主たる事業として営むもの

六　企業組合

七　協業組合

八　事業協同組合、事業協同小組合、商工組合、協同組合連合会その他の特別の法律により設立された組合及びその連合会であって、政令で定めるもの

2　この法律において「中小企業者等」とは、次の各号のいずれかに該当する者をいう。

一　中小企業者

二　組合等（前号に掲げる者を除く。）

三　資本金の額又は出資の総額が政令で定める金額以下の会社その他政令で定める法人（第一号に掲げる者を除く。）

四　常時使用する従業員の数が政令で定める数以下の会社その他政令で定める法人及び個人（前三号に掲げる者を除く。）

3　この法律において「創業者」とは、次に掲げる者（第三号に掲げる者にあっては、中小企業者に限る。）をいう。

一　事業を営んでいない個人であって、一月以内に新たに事業を開始する具体的な計画を有するもの（次号に掲げるものを除く。）

二　事業を営んでいない個人であって、二月以内に、新たに会社を設立し、かつ、当該新たに設立される会社が事業を開始する具体的な計画を有するもの

三　会社であって、自らの事業の全部又は一部を継続して実施しつつ、新たに会社を設立し、かつ、当該新たに設立される会社が事業を開始する具体的な計画を有するもの

4　この法律において「新規中小企業者」とは、中小企業者であって次の各号のいずれかに該当するものをいう。

一　事業を開始した日以後の期間が五年未満の個人

二　設立の日以後の期間が五年未満の会社

三　事業を開始した日以後の期間が五年以上十年未満の個人又は設立の日以後の

4

期間が五年以上十年未満の会社であって、前年又は前事業年度において試験研究費その他政令で定める費用の合計額の政令で定める収入金額に対する割合が政令で定める割合を超えるもの

5　この法律において「新規中小企業者等」とは、次の各号のいずれかに該当する者をいう。

一　新規中小企業者

二　中小企業者等であって、事業を開始した日以後の期間が五年未満の個人（前号に掲げる者を除く。）

三　中小企業者等であって、設立の日以後の期間が五年未満の会社（第一号に掲げる者を除く。）

四　中小企業者等であって事業を開始した日以後の期間が五年以上十年未満の個人又は設立の日以後の期間が五年以上十年未満の会社であるもののうち、プログラム（情報処理の促進に関する法律（昭和四十五年法律第九十号。以下この号及び第七十条において「情報処理促進法」という。）第二条第二項に規定するプログラムをいう。第十九条第三項及び第七十条第一項第一号において同じ。）の開発その他の情報処理（情報処理促進法第二条第一項に規定する情報処理をいう。以下同じ。）に関する高度な知識又は技能を活用して行う業務として経済産業省令で定める業務に従事する常時使用する従業員の数の常時使用する従業員の総数に対する割合が経済産業省令で定める割合を超えるもの（第一号に掲げる者を除く。）

6　この法律において「組合等」とは、第一項第八号に掲げる者及び一般社団法人であって中小企業者を直接又は間接の構成員（以下「構成員」という。）とするもの（政令で定める要件に該当するものに限る。）をいう。

7　この法律において「新事業活動」とは、新商品の開発又は生産、新役務の開発又は提供、商品の新たな生産又は販売の方式の導入、役務の新たな提供の方式の導入その他の新たな事業活動をいう。

8　　この法律において「社外高度人材活用新事業分野開拓」とは、新規中小企業者等が、新事業活動に係る投資及び指導を新規中小企業者等に対して行うことを業とする者として経済産業省令で定める要件に該当する者から投資及び指導を受け、社外高度人材（当該新規中小企業者等の役員及び使用人その他の従業者以外の者であって、新事業活動に有用な高度な知識又は技能を有する者として経済産業省令で定める要件に該当する者をいう。以下同じ。）を活用して、新事業活動を行うことにより、新たな事業分野の開拓を図ることをいう。

9　　この法律において「経営革新」とは、事業者が新事業活動を行うことにより、その経営の相当程度の向上を図ることをいう。

10　　この法律において「外国関係法人等」とは、外国の法令に準拠して設立された法人その他の外国の団体（新たに設立されるものを含む。）であって、中小企業者又は組合等がその経営を実質的に支配していると認められるものとして経済産業省令で定める関係を持つものをいう。

11　　この法律において「異分野連携新事業分野開拓」とは、その行う事業の分野を異にする事業者が有機的に連携し、その経営資源（設備、技術、個人の有する知識及び技能その他の事業活動に活用される資源をいう。以下同じ。）を有効に組み合わせて、新事業活動を行うことにより、新たな事業分野の開拓を図ることをいう。

12　　この法律において「経営力向上」とは、事業者が、事業活動に有用な知識又は技能を有する人材の育成、財務内容の分析の結果の活用、商品又は役務の需要の動向に関する情報の活用、経営能率の向上のための情報システムの構築その他の方法であって、現に有する経営資源又は次に掲げるいずれかの措置（以下「事業承継等」という。）により他の事業者から取得した又は提供された経営資源を高度に利用するものを導入して事業活動を行うことにより、経営能力を強化し、経営の向上を図ることをいう。
　一　　吸収合併（会社法（平成十七年法律第八十六号）第七百四十九条第一項に規

定する吸収合併存続会社及び同項第一号に規定する吸収合併消滅会社が中小企業者等である場合に限る。）により当該吸収合併存続会社となり、当該吸収合併消滅会社の権利義務の全部を承継すること。

二　　新設合併（会社法第七百五十三条第一項に規定する新設合併設立会社及び同項第一号に規定する新設合併消滅会社が中小企業者等である場合に限る。）により当該新設合併設立会社を設立し、当該新設合併消滅会社の権利義務の全部を承継すること。

三　　吸収分割（会社法第七百五十七条に規定する吸収分割承継会社及び同法第七百五十八条第一項第一号に規定する吸収分割会社が中小企業者等である場合に限る。）により当該吸収分割承継会社となり、当該吸収分割会社がその事業に関して有する権利義務の全部又は一部を承継すること。

四　　新設分割（会社法第七百六十三条第一項に規定する新設分割設立会社及び同項第五号に規定する新設分割会社が中小企業者等である場合に限る。）により当該新設分割設立会社を設立し、当該新設分割会社がその事業に関して有する権利義務の全部又は一部を承継すること。

五　　株式交換（会社法第七百六十七条に規定する株式交換完全親会社及び同法第七百六十八条第一項第一号に規定する株式交換完全子会社が中小企業者等である場合に限る。）により当該株式交換完全親会社となり、当該株式交換完全子会社の発行済株式の全部を取得すること。

六　　株式移転（会社法第七百七十三条第一項第一号に規定する株式移転設立完全親会社及び同項第五号に規定する株式移転完全子会社が中小企業者等である場合に限る。）により当該株式移転完全子会社となり、その発行済株式の全部を当該株式移転設立完全親会社に取得させること。

六の二　　株式交付（会社法第七百七十四条の三第一項第一号に規定する株式交付親会社及び同号に規定する株式交付子会社が中小企業者等である場合に限る。）により当該株式交付親会社となり、当該株式交付子会社の株式を譲り受けること。

〔下線部：令和元年 12 月 11 日法律第 71 号、令和 3 年 6 月 10 日までに施行〕

七　　事業又は資産の譲受け（中小企業者等が他の中小企業者等から譲り受ける場合に限る。）

八　　他の中小企業者等の株式又は持分の取得（中小企業者等による当該取得によって当該他の中小企業者等が当該中小企業者等の関係事業者（他の事業者がその経営を実質的に支配していると認められているものとして主務省令で定める関係を有するものをいう。）となる場合に限る。）

九　　事業協同組合（中小企業等協同組合法（昭和二十四年法律第百八十一号）第三条第一号に掲げる事業協同組合をいう。）、企業組合（同条第四号に掲げる企業組合をいう。）、協業組合（中小企業団体の組織に関する法律（昭和三十二年法律第百八十五号）第三条第一項第七号に掲げる協業組合をいう。）の設立

13　　この法律において「承継等中小企業者等」とは、中小企業者等が事業承継等（前項第一号から第四号までに掲げる措置及び同項第七号に掲げる措置のうち事業の譲受けに係るものに限る。次項及び第十九条第四項、第二十条第三項並びに第二十九条第一項及び第二項において同じ。）を行う場合における当該中小企業者等をいう。

14　　この法律において「被承継等中小企業者等」とは、承継等中小企業者等が他の中小企業者等から、事業承継等を行う場合における当該他の中小企業者等をいう。

15　　この法律において「事業再編投資」とは、投資事業有限責任組合（投資事業有限責任組合契約に関する法律（平成十年法律第九十号）第二条第二項に規定する投資事業有限責任組合をいう。第二十二条第一項及び第二十三条第一項において同じ。）が行う中小企業者等に対する投資事業（主として経営力向上（事業承継等を行うものに限る。）を図る中小企業者等に対するものであることその他の経済産業省令で定める要件に該当するものに限る。）であって、当該中小企業者等に対する経営資源を高度に利用する方法に係る指導を伴うことが確実であると見込まれるものとして経済産業省令で定めるものをいう。

16　　この法律において「事業継続力強化」とは、事業者が、自然災害又は通信その他の事業活動の基盤における重大な障害（以下「自然災害等」という。）の発

生が事業活動に与える影響を踏まえて、自然災害等が発生した場合における対応手順の決定、当該影響の軽減に資する設備の導入、損害保険契約の締結、関係者との連携及び協力その他の事業活動に対する当該影響の軽減及び事業活動の継続に資する対策を事前に講ずるとともに、必要な組織の整備、訓練の実施その他の当該対策の実効性を確保するための取組を行うことにより、自然災害等が発生した場合における事業活動を継続する能力の強化を図ることをいう。

17　　この法律において「国等」とは、国及び独立行政法人（独立行政法人通則法（平成十一年法律第百三号）第二条第一項に規定する独立行政法人をいう。第十六条第二項において同じ。）その他特別の法律によって設立された法人であって新技術に関する研究開発のための補助金、委託費その他相当の反対給付を受けない給付金（以下この章において「新技術補助金等」という。）を交付するものとして政令で定めるもの（次項において「特定独立行政法人等」という。）をいう。

18　　この法律において「特定中小企業者」とは、中小企業者であって、国等から経済産業大臣及び各省各庁の長等（国については財政法（昭和二十二年法律第三十四号）第二十条第二項に規定する各省各庁の長、特定独立行政法人等についてはその主務大臣をいう。以下同じ。）が次条第一項に規定する基本方針における同条第二項第四号イ(1)に掲げる事項に照らして適切であるものとして指定する新技術補助金等（以下「特定補助金等」という。）を交付されたものをいう。

19　　この法律において「新事業支援機関」とは、都道府県又は地方自治法（昭和二十二年法律第六十七号）第二百五十二条の十九第一項の指定都市（第六十七条第一項において「指定都市」という。）の区域において、新たな事業活動を行う者に対して、技術に関する研究開発及びその成果の移転の促進、市場等に関する調査研究及び情報提供、経営能率の向上の促進、資金の融通の円滑化その他の支援の事業（以下「支援事業」という。）を行う者であって、第六十七条第一項に規定する事業環境整備構想において定められるものをいう。

20　　この法律において「高度技術産学連携地域」とは、技術革新の進展に即応した高度な産業技術（以下「高度技術」という。）の研究開発を行い、又はこれを製品の開発、生産若しくは販売若しくは役務の開発若しくは提供に利用する事業者（以下この項において「特定事業者」という。）及び高度技術の研究開発に関し事業者と連携する大学その他の研究機関が相当数存在しており、特定事業者と当該研究機関との相互の交流を通じて当該特定事業者が有する技術と当該研究機関が有する高度技術に関するそれぞれの知識の融合が図られることにより、新たな事業活動が相当程度促進されることが見込まれる地域をいう。

（基本方針）
第三条　　主務大臣は、中小企業等の経営強化に関する基本方針（以下「基本方針」という。）を定めなければならない。

2　　基本方針には、次に掲げる事項について定めるものとする。
一　　創業及び新たに設立された企業の事業活動の促進に関する次に掲げる事項
　イ　　創業及び新規中小企業の事業活動の促進に関する次に掲げる事項
　　（1）　創業及び新規中小企業の事業活動の促進に関する基本的な方向
　　（2）　創業及び新規中小企業の事業活動の促進に当たって配慮すべき事項
　ロ　　社外高度人材活用新事業分野開拓に関する次に掲げる事項
　　（1）　社外高度人材活用新事業分野開拓の内容に関する事項
　　（2）　社外高度人材活用新事業分野開拓において活用される社外高度人材の有すべき知識又は技能の内容及びその活用の態様に関する事項
　　（3）　社外高度人材活用新事業分野開拓の促進に当たって配慮すべき事項
二　　中小企業の経営革新及び異分野連携新事業分野開拓の促進並びに中小企業等の経営力向上に関する次に掲げる事項
　イ　　経営革新に関する次に掲げる事項
　　（1）　経営革新の内容に関する事項
　　（2）　経営革新の実施方法に関する事項
　　（3）　海外において経営革新のための事業が行われる場合における国内の事業

基盤の維持その他経営革新の促進に当たって配慮すべき事項

ロ　異分野連携新事業分野開拓に関する次に掲げる事項

(1)　異分野連携新事業分野開拓の内容に関する事項

(2)　異分野連携新事業分野開拓における連携に関する事項

(3)　異分野連携新事業分野開拓のために提供される経営資源の内容及びその組合せに関する事項

(4)　海外において異分野連携新事業分野開拓に係る事業が行われる場合における国内の事業基盤の維持その他異分野連携新事業分野開拓の促進に当たって配慮すべき事項

ハ　経営力向上に関する次に掲げる事項

(1)　経営力向上の内容に関する事項

(2)　経営力向上の実施方法に関する事項

(3)　海外において経営力向上に係る事業が行われる場合における国内の事業基盤の維持その他経営力向上の促進に当たって配慮すべき事項

(4)　事業再編投資の内容に関する事項

(5)　事業再編投資の実施方法に関する事項

(6)　事業再編投資の促進に当たって配慮すべき事項

ニ　経営革新及び異分野連携新事業分野開拓並びに経営力向上の支援体制の整備に関する次に掲げる事項

(1)　経営革新等支援業務（第三十二条第一項に規定する経営革新等支援業務をいう。以下この号において同じ。）の内容に関する事項

(2)　経営革新等支援業務の実施体制に関する事項

(3)　経営革新等支援業務の実施に当たって配慮すべき事項

(4)　事業分野別経営力向上推進業務（第四十条第一項に規定する事業分野別経営力向上推進業務をいう。以下この号において同じ。）の内容に関する事項

(5)　事業分野別経営力向上推進業務の実施体制に関する事項

(6)　事業分野別経営力向上推進業務の実施に当たって配慮すべき事項

(7)　情報処理支援業務（第四十四条第一項に規定する情報処理支援業務をいう。以下この号において同じ。）の内容に関する事項

(8)　　情報処理支援業務の実施体制に関する事項

(9)　　情報処理支援業務の実施に当たって配慮すべき事項

三　　中小企業の事業継続力強化に関する次に掲げる事項

　イ　　単独で行う事業継続力強化の内容に関する次に掲げる事項

(1)　　自然災害等が発生した場合における対応手順

(2)　　事業継続力強化に資する設備、機器及び装置

(3)　　事業活動を継続するための資金の調達手段

(4)　　親事業者（下請中小企業振興法（昭和四十五年法律第百四十五号）第二条第二項に規定する親事業者をいう。以下同じ。）、政府関係金融機関その他の者による事業継続力強化に係る協力

(5)　　事業継続力強化の実効性を確保するための取組

(6)　　(1)から(5)までに掲げるもののほか、事業継続力強化に資する対策及び取組

　ロ　　連携して行う事業継続力強化（以下「連携事業継続力強化」という。）の内容に関する次に掲げる事項

(1)　　連携事業継続力強化における連携の態様

(2)　　連携事業継続力強化に資する設備、機器及び装置

(3)　　地方公共団体、商工会、商工会議所、中小企業団体中央会その他の者による連携事業継続力強化に係る協力

(4)　　連携事業継続力強化の実効性を確保するための取組

　ハ　　事業継続力強化の促進に当たって配慮すべき事項

四　　中小企業の新たな事業活動の促進のための基盤整備に関する次に掲げる事項

　イ　　新技術を利用した事業活動の支援に関する次に掲げる事項

(1)　　新技術補助金等のうち国等が中小企業者及び事業を営んでいない個人に対して支出の機会の増大を図るべきものの内容に関する事項

(2)　　特定補助金等に係る研究開発及びその成果を利用した事業活動の支援を行うに当たって配慮すべき事項

　ロ　　次に掲げる事項につき、第六十七条第一項に規定する事業環境整備構想の指針となるべきもの

(1)　　適切な支援事業を行うために必要な総合的な支援体制（以下「新事業支

援体制」という。）の整備に関する事項

 (2) 高度技術産学連携地域の活用に関する事項

3 主務大臣は、基本方針を定め、又はこれを変更しようとするときは、あらかじめ、関係行政機関の長に協議するとともに、中小企業政策審議会及び産業構造審議会の意見を聴かなければならない。

4 主務大臣は、基本方針を定め、又はこれを変更したときは、遅滞なく、これを公表しなければならない。

第二章 創業及び新たに設立された企業の事業活動の促進

第一節 創業及び新規中小企業の事業活動の促進

（中小企業信用保険法の特例）

第四条 中小企業信用保険法（昭和二十五年法律第二百六十四号）第三条の二第一項に規定する無担保保険（以下「無担保保険」という。）の保険関係であって、創業等関連保証（同項に規定する債務の保証（その保証について担保（保証人（その保証を受けた法人たる中小企業者の代表者を除く。）の保証を含む。）を提供させないものに限る。）であって、創業者及び新規中小企業者（第二条第四項第一号に掲げるもののうち当該事業を開始した日前に事業を営んでいなかったもの及び同項第二号に掲げるもののうち当該設立の日前に事業を営んでいなかった個人により設立されたもの又は他の会社がその事業の全部若しくは一部を継続して実施しつつ新たに設立したものに限る。）の要する資金のうち経済産業省令で定めるものに係るものをいう。以下この条において同じ。）を受けた創業者及び新規中小企業者に係るものについての同法第三条の二第一項及び第三項の規定の適用については、同条第一項中「中小企業者の」とあるのは「中小企業者（中小企業等経営強化法第二条第三項第一号及び第二号に掲げる創業者を含む。以下この条において同じ。）の」と、「保険価額の合計額が八千万円」とあるのは「同法第四条第一項に規定する創業等関連保証（以下「創業等関連保証」とい

う。）に係る保険関係の保険価額の合計額及びその他の保険関係の保険価額の合計額がそれぞれ千五百万円及び八千万円」と、同条第三項中「当該借入金の額のうち保証をした額が八千万円（当該債務者」とあるのは「創業等関連保証及びその他の保証ごとに、当該借入金の額のうち保証をした額がそれぞれ千五百万円及び八千万円（創業等関連保証及びその他の保証ごとに、当該債務者」と、「八千万円から」とあるのは「それぞれ千五百万円及び八千万円から」とする。

2　　第二条第三項第一号及び第二号に掲げる創業者であって、創業等関連保証を受けたものについては、当該創業者を中小企業信用保険法第二条第一項の中小企業者とみなして、同法第三条の二（第一項及び第三項を除く。）及び第四条から第八条までの規定を適用する。

3　　創業等関連保証を受けた者一人についての無担保保険の保険関係であって政令で指定するものの保険価額の合計額の限度額は、政令で定める。

4　　無担保保険の保険関係であって、創業等関連保証に係るものについての保険料の額は、中小企業信用保険法第四条の規定にかかわらず、保険金額に年百分の二以内において政令で定める率を乗じて得た額とする。

（中小企業投資育成株式会社法の特例）
第五条　　中小企業投資育成株式会社は、中小企業投資育成株式会社法（昭和三十八年法律第百一号）第五条第一項各号に掲げる事業のほか、次に掲げる事業を行うことができる。
一　　新規中小企業者が資本金の額が三億円を超える株式会社を設立する際に発行する株式の引受け及び当該引受けに係る株式の保有
二　　新規中小企業者のうち資本金の額が三億円を超える株式会社が必要とする資金の調達を図るために発行する株式、新株予約権（新株予約権付社債に付されたものを除く。）又は新株予約権付社債等（中小企業投資育成株式会社法第五条第一項第二号に規定する新株予約権付社債等をいう。以下同じ。）の引受け及び当該引受けに係る株式、新株予約権（その行使により発行され、又は移転された株

式を含む。）又は新株予約権付社債等（新株予約権付社債等に付された新株予約権の行使により発行され、又は移転された株式を含む。）の保有

2　　前項第一号の規定による株式の引受け及び当該引受けに係る株式の保有並びに同項第二号の規定による株式、新株予約権（新株予約権付社債に付されたものを除く。）又は新株予約権付社債等の引受け及び当該引受けに係る株式、新株予約権（その行使により発行され、又は移転された株式を含む。）又は新株予約権付社債等（新株予約権付社債等に付された新株予約権の行使により発行され、又は移転された株式を含む。）の保有は、中小企業投資育成株式会社法の適用については、それぞれ同法第五条第一項第一号及び第二号の事業とみなす。

（診断及び指導）

第六条　　経済産業大臣は、新規中小企業者である会社であってその事業の将来における成長発展を図るために積極的に外部からの投資を受けて事業活動を行うことが特に必要かつ適切なものとして経済産業省令で定める要件に該当するもの（次条において「特定新規中小企業者」という。）に対して、その投資による資金調達の円滑な実施に必要な経営状況に関する情報の提供について診断及び指導を行うものとする。

（課税の特例）

第七条　　特定新規中小企業者により発行される株式を払込みにより個人が取得した場合（当該株式を取得したことについて経済産業省令で定めるところにより経済産業大臣の確認を受けた場合に限る。）で、当該株式について譲渡損失等が発生したときは、租税特別措置法（昭和三十二年法律第二十六号）で定めるところにより、当該譲渡損失等について繰越控除等の課税の特例の適用があるものとする。

第二節　　社外高度人材活用新事業分野開拓

（社外高度人材活用新事業分野開拓計画の認定）

第八条　社外高度人材活用新事業分野開拓を行おうとする新規中小企業者等は、社外高度人材活用新事業分野開拓に関する計画（以下この条及び次条において「社外高度人材活用新事業分野開拓計画」という。）を作成し、主務省令で定めるところにより、これを主務大臣に提出して、その社外高度人材活用新事業分野開拓計画が適当である旨の認定を受けることができる。

2　社外高度人材活用新事業分野開拓計画には、次に掲げる事項を記載しなければならない。

一　社外高度人材活用新事業分野開拓の目標

二　社外高度人材活用新事業分野開拓の内容及び実施時期

三　社外高度人材活用新事業分野開拓において活用する社外高度人材の有する知識又は技能の内容及びその活用の態様

四　当該社外高度人材にその有する知識又は技能の提供に対する報酬として当該新規中小企業者等の新株予約権を与える場合にあっては、当該報酬の内容

五　社外高度人材活用新事業分野開拓を実施するために必要な資金の額及びその調達方法

3　主務大臣は、第一項の認定の申請があった場合において、当該申請に係る社外高度人材活用新事業分野開拓計画が次の各号のいずれにも適合するものであると認めるときは、その認定をするものとする。

一　前項第一号から第三号までに掲げる事項が基本方針に照らして適切なものであること。

二　当該社外高度人材活用新事業分野開拓に係る新商品若しくは新役務に対する需要が著しく開拓され、又は当該社外高度人材活用新事業分野開拓に係る商品の新たな生産若しくは販売の方式若しくは役務の新たな提供の方式の導入により当該商品若しくは役務に対する新たな需要が著しく開拓されるものであること。

三　前項第二号から第五号までに掲げる事項が社外高度人材活用新事業分野開拓を確実に遂行するために適切なものであること。

（社外高度人材活用新事業分野開拓計画の変更等）

第九条　前条第一項の認定を受けた新規中小企業者等（第十二条及び第十三条に
　　おいて「認定新規中小企業者等」という。）は、当該認定に係る社外高度人材活
　　用新事業分野開拓計画を変更しようとするときは、主務省令で定めるところによ
　　り、主務大臣の認定を受けなければならない。

2　　主務大臣は、前条第一項の認定に係る社外高度人材活用新事業分野開拓計画
　　（前項の規定による変更の認定があったときは、その変更後のもの。以下「認定
　　社外高度人材活用新事業分野開拓計画」という。）に従って社外高度人材活用新
　　事業分野開拓に係る事業が行われていないと認めるときは、その認定を取り消す
　　ことができる。

3　　前条第三項の規定は、第一項の認定について準用する。

（中小企業信用保険法の特例）

第十条　中小企業信用保険法第三条第一項に規定する普通保険（以下「普通保
　　険」という。）、無担保保険又は同法第三条の三第一項に規定する特別小口保険
　　（以下「特別小口保険」という。）の保険関係であって、社外高度人材活用新事
　　業分野開拓関連保証（同法第三条第一項、第三条の二第一項又は第三条の三第一
　　項に規定する債務の保証であって、認定社外高度人材活用新事業分野開拓事業
　　（認定社外高度人材活用新事業分野開拓計画に従って行われる社外高度人材活用
　　新事業分野開拓に係る事業をいう。以下同じ。）に必要な資金に係るものをいう。
　　以下この条において同じ。）を受けた中小企業者に係るものについての次の表の
　　上欄に掲げる同法の規定の適用については、これらの規定中同表の中欄に掲げる
　　字句は、同表の下欄に掲げる字句とする。

第三条第一項	保険価額の合計額が	中小企業等経営強化法第十条第一項に規定する社外高度人材活用新事業分野開拓関連保証（以下「社外高度人材活用新事

		業分野開拓関連保証」という。）に係る保険関係の保険価額の合計額とその他の保険関係の保険価額の合計額とがそれぞれ
第三条の二第一項及び第三条の三第一項	保険価額の合計額が	社外高度人材活用新事業分野開拓関連保証に係る保険関係の保険価額の合計額とその他の保険関係の保険価額の合計額とがそれぞれ
第三条の二第三項及び第三条の三第二項	当該借入金の額のうち	社外高度人材活用新事業分野開拓関連保証及びその他の保証ごとに、それぞれ当該借入金の額のうち
	当該債務者	社外高度人材活用新事業分野開拓関連保証及びその他の保証ごとに、当該債務者

2　中小企業信用保険法第三条の七第一項に規定する海外投資関係保険（以下「海外投資関係保険」という。）の保険関係であって、社外高度人材活用新事業分野開拓関連保証を受けた中小企業者に係るものについての同項及び同条第二項の規定の適用については、同条第一項中「二億円」とあるのは「三億円（中小企業等経営強化法第十条第一項に規定する認定社外高度人材活用新事業分野開拓事業に必要な資金（以下「社外高度人材活用新事業分野開拓事業資金」という。）以外の資金に係る債務の保証に係る保険関係については、二億円）」と、「四億円」とあるのは「六億円（社外高度人材活用新事業分野開拓事業資金以外の資金

に係る債務の保証に係る保険関係については、四億円）」と、同条第二項中「二億円」とあるのは「三億円（社外高度人材活用新事業分野開拓事業資金以外の資金に係る債務の保証に係る保険関係については、二億円）」とする。

3　中小企業信用保険法第三条の八第一項に規定する新事業開拓保険（以下「新事業開拓保険」という。）の保険関係であって、社外高度人材活用新事業分野開拓関連保証を受けた中小企業者に係るものについての同項及び同条第二項の規定の適用については、同条第一項中「二億円」とあるのは「三億円（中小企業等経営強化法第十条第一項に規定する認定社外高度人材活用新事業分野開拓事業に必要な資金（以下「社外高度人材活用新事業分野開拓事業資金」という。）以外の資金に係る債務の保証に係る保険関係については、二億円）」と、「四億円」とあるのは「六億円（社外高度人材活用新事業分野開拓事業資金以外の資金に係る債務の保証に係る保険関係については、四億円）」と、同条第二項中「二億円」とあるのは「三億円（社外高度人材活用新事業分野開拓事業資金以外の資金に係る債務の保証に係る保険関係については、二億円）」とする。

4　普通保険の保険関係であって、社外高度人材活用新事業分野開拓関連保証に係るものについての中小企業信用保険法第三条第二項及び第五条の規定の適用については、同法第三条第二項中「百分の七十」とあり、及び同法第五条中「百分の七十（無担保保険、特別小口保険、流動資産担保保険、公害防止保険、エネルギー対策保険、海外投資関係保険、新事業開拓保険、事業再生保険及び特定社債保険にあつては、百分の八十）」とあるのは、「百分の八十」とする。

5　普通保険、無担保保険又は特別小口保険の保険関係であって、社外高度人材活用新事業分野開拓関連保証に係るものについての保険料の額は、中小企業信用保険法第四条の規定にかかわらず、保険金額に年百分の二以内において政令で定める率を乗じて得た額とする。

（中小企業投資育成株式会社法の特例）
第十一条　中小企業投資育成株式会社は、中小企業投資育成株式会社法第五条第

一項各号に掲げる事業のほか、次に掲げる事業を行うことができる。

一　中小企業者が認定社外高度人材活用新事業分野開拓事業を行うために資本金の額が三億円を超える株式会社を設立する際に発行する株式の引受け及び当該引受けに係る株式の保有

二　中小企業者のうち資本金の額が三億円を超える株式会社が認定社外高度人材活用新事業分野開拓事業を行うために必要とする資金の調達を図るために発行する株式、新株予約権（新株予約権付社債に付されたものを除く。）又は新株予約権付社債等の引受け及び当該引受けに係る株式、新株予約権（その行使により発行され、又は移転された株式を含む。）又は新株予約権付社債等（新株予約権付社債等に付された新株予約権の行使により発行され、又は移転された株式を含む。）の保有

2　前項第一号の規定による株式の引受け及び当該引受けに係る株式の保有並びに同項第二号の規定による株式、新株予約権（新株予約権付社債に付されたものを除く。）又は新株予約権付社債等の引受け及び当該引受けに係る株式、新株予約権（その行使により発行され、又は移転された株式を含む。）又は新株予約権付社債等（新株予約権付社債等に付された新株予約権の行使により発行され、又は移転された株式を含む。）の保有は、中小企業投資育成株式会社法の適用については、それぞれ同法第五条第一項第一号及び第二号の事業とみなす。

（独立行政法人中小企業基盤整備機構の行う社外高度人材活用新事業分野開拓促進業務）

第十二条　独立行政法人中小企業基盤整備機構（以下「中小企業基盤整備機構」という。）は、社外高度人材活用新事業分野開拓を促進するため、認定新規中小企業者等が認定社外高度人材活用新事業分野開拓事業を行うために必要とする資金の借入れに係る債務の保証及び認定新規中小企業者等（会社に限る。）が当該資金を調達するために発行する社債（社債、株式等の振替に関する法律（平成十三年法律第七十五号）第六十六条第一号に規定する短期社債を除く。第二十七条第一項において同じ。）に係る債務の保証の業務を行う。

（課税の特例）

第十三条　　認定社外高度人材活用新事業分野開拓計画に従って行われる社外高度
人材活用新事業分野開拓に従事する社外高度人材が、当該社外高度人材活用新事
業分野開拓を行う認定新規中小企業者等（会社であって資本金の額その他の事項
について主務省令で定める要件に該当するものに限る。）から当該計画に従って
与えられた新株予約権の行使により当該認定新規中小企業者等の株式の取得をし
た場合における当該株式の取得に係る経済的利益については、租税特別措置法で
定めるところにより、課税の特例の適用があるものとする。

　　　第三章　　　中小企業の経営革新及び異分野連携新事業分野開拓の促進並びに中
小企業等の経営力向上

　　　第一節　　　経営革新

（経営革新計画の承認）

第十四条　　中小企業者及び組合等は、単独で又は共同で行おうとする経営革新に
関する計画（中小企業者及び組合等が第二条第一項第六号から第八号までに掲げ
る組合若しくは連合会又は会社を設立しようとする場合にあっては当該中小企業
者及び組合等がその組合、連合会又は会社と共同で行う経営革新に関するものを、
中小企業者及び組合等が合併して会社を設立しようとする場合にあっては合併に
より設立される会社（合併後存続する会社を含む。）が行う経営革新に関するも
のを、中小企業者及び組合等がその外国関係法人等の全部又は一部と共同で経営
革新を行おうとする場合にあっては当該中小企業者及び組合等が当該外国関係法
人等と共同で行う経営革新に関するものを含む。以下「経営革新計画」という。）
を作成し、経済産業省令で定めるところにより、これを行政庁に提出して、その
経営革新計画が適当である旨の承認を受けることができる。ただし、中小企業者
及び組合等が共同で経営革新計画を作成した場合にあっては、経済産業省令で定
めるところにより、代表者を定め、これを行政庁に提出するものとする。

2　経営革新計画には、次に掲げる事項を記載しなければならない。

一　経営革新の目標

二　経営革新による経営の向上の程度を示す指標

三　経営革新の内容及び実施時期

四　経営革新を実施するために必要な資金の額及びその調達方法

五　組合等が経営革新に係る試験研究のための費用に充てるためその構成員に対し負担金の賦課をしようとする場合にあっては、その賦課の基準

3　行政庁は、第一項の承認の申請があった場合において、当該申請に係る経営革新計画が次の各号のいずれにも適合するものであると認めるときは、その承認をするものとする。

一　前項第一号から第三号までに掲げる事項が基本方針に照らして適切なものであること。

二　前項第三号及び第四号に掲げる事項が経営革新を確実に遂行するため適切なものであること。

三　前項第五号に規定する負担金の賦課をしようとする場合にあっては、その賦課の基準が適切なものであること。

（経営革新計画の変更等）

第十五条　前条第一項の承認を受けた中小企業者及び組合等は、当該承認に係る経営革新計画を変更しようとするときは、経済産業省令で定めるところにより、その承認をした行政庁の承認を受けなければならない。

2　行政庁は、前条第一項の承認に係る経営革新計画（前項の規定による変更の承認があったときは、その変更後のもの。以下「承認経営革新計画」という。）に従って経営革新のための事業が行われていないと認めるときは、その承認を取り消すことができる。

3　前条第三項の規定は、第一項の承認について準用する。

第二節　　異分野連携新事業分野開拓

（異分野連携新事業分野開拓計画の認定）

第十六条　　複数の中小企業者（その行う事業の分野を異にする二以上の中小企業者を含む場合に限る。以下同じ。）は、共同で行おうとする異分野連携新事業分野開拓に関する計画（複数の中小企業者がそれぞれの中小企業者の外国関係法人等の全部又は一部と共同で異分野連携新事業分野開拓を行おうとする場合にあっては、当該複数の中小企業者が当該外国関係法人等と共同で行う異分野連携新事業分野開拓に関するものを含む。以下「異分野連携新事業分野開拓計画」という。）を作成し、主務省令で定めるところにより、代表者を定め、これを主務大臣に提出して、その異分野連携新事業分野開拓計画が適当である旨の認定を受けることができる。

2　　異分野連携新事業分野開拓計画には、次に掲げる事項を記載しなければならない。

一　　異分野連携新事業分野開拓の目標

二　　異分野連携新事業分野開拓を共同で行う中小企業者（複数の中小企業者がそれぞれの中小企業者の外国関係法人等の全部又は一部と共同で異分野連携新事業分野開拓を行おうとする場合にあっては、当該外国関係法人等を含む。第五号において同じ。）以外の事業者（以下この項において「大企業者」という。）がある場合又は異分野連携新事業分野開拓の実施に協力する大学その他の研究機関、独立行政法人、特定非営利活動法人（特定非営利活動促進法（平成十年法律第七号）第二条第二項に規定する特定非営利活動法人をいう。第三十八条において同じ。）その他の者（以下この項において「協力者」という。）がある場合は、当該大企業者又は協力者の名称及び住所並びにその代表者の氏名

三　　異分野連携新事業分野開拓の内容及び実施時期

四　　異分野連携新事業分野開拓における連携の態様

五　　異分野連携新事業分野開拓のために当該中小企業者及び大企業者又は協力者が提供する経営資源の内容及びその組合せの態様

六　異分野連携新事業分野開拓を実施するために必要な資金の額及びその調達方法

3　主務大臣は、第一項の認定の申請があった場合において、当該申請に係る異分野連携新事業分野開拓計画が次の各号のいずれにも適合するものであると認めるときは、その認定をするものとする。

一　前項第一号及び第三号から第五号までに掲げる事項が基本方針に照らして適切なものであること。

二　当該異分野連携新事業分野開拓に係る新商品若しくは新役務に対する需要が相当程度開拓され、又は当該異分野連携新事業分野開拓に係る商品の新たな生産若しくは販売の方式若しくは役務の新たな提供の方式の導入により当該商品若しくは役務に対する新たな需要が相当程度開拓されるものであること。

三　前項第三号及び第六号に掲げる事項が異分野連携新事業分野開拓を確実に遂行するため適切なものであること。

四　当該異分野連携新事業分野開拓に係る商品又は役務が事業活動に係る技術の高度化若しくは経営能率の向上又は国民生活の利便の増進に寄与すると認められるものであること。

（異分野連携新事業分野開拓計画の変更等）

第十七条　前条第一項の認定を受けた中小企業者（以下「認定中小企業者」という。）は、当該認定に係る異分野連携新事業分野開拓計画を変更しようとするときは、主務省令で定めるところにより、主務大臣の認定を受けなければならない。ただし、主務省令で定める軽微な変更については、この限りでない。

2　認定中小企業者は、前項ただし書の主務省令で定める軽微な変更をしたときは、遅滞なく、その旨を主務大臣に届け出なければならない。

3　主務大臣は、前条第一項の認定に係る異分野連携新事業分野開拓計画（前二項の規定による変更があったときは、その変更後のもの。以下「認定異分野連携新事業分野開拓計画」という。）に従って異分野連携新事業分野開拓に係る事業

が行われていないと認めるときは、その認定を取り消すことができる。

4　前条第三項の規定は、第一項の認定について準用する。

第三節　経営力向上

（事業分野別指針）

第十八条　主務大臣は、基本方針に基づき、所管に係る事業分野のうち、中小企業者等の経営力向上が特に必要と認められる事業分野を指定し、当該事業分野に係る経営力向上に関する指針（以下「事業分野別指針」という。）を定めることができる。

2　事業分野別指針においては、第三条第二項第二号ハ及びニ(4)から(6)までに掲げる事項に関し、当該事業分野における経営資源を高度に利用する方法の導入の方法その他の当該事業分野における経営力向上に必要な事項を定めるものとする。

3　主務大臣は、事業者を取り巻く環境の変化その他の事情を勘案して必要があると認めるときは、事業分野別指針を変更するものとする。

4　主務大臣は、事業分野別指針を定め、又は変更しようとするときは、あらかじめ、当該事業分野についての専門家その他の関係者の意見を聴くものとする。

5　主務大臣は、事業分野別指針を定め、又はこれを変更したときは、遅滞なく、これを公表しなければならない。

（経営力向上計画の認定）

第十九条　中小企業者等は、単独で又は共同で行おうとする経営力向上に関する計画（中小企業者等が第二条第一項第六号から第八号までに掲げる組合若しくは

連合会、会社又は同条第二項第三号若しくは第四号の政令で定める法人（以下こ
の項において単に「法人」という。）を設立しようとする場合にあっては当該中
小企業者等がその組合、連合会、会社又は法人と共同で行う経営力向上に関する
ものを、中小企業者等が合併して会社又は法人を設立しようとする場合にあって
は合併により設立される会社又は法人（合併後存続する会社又は法人を含む。）
が行う経営力向上に関するものを、中小企業者等がその外国関係法人等の全部又
は一部と共同で経営力向上を行おうとする場合にあっては当該中小企業者等が当
該外国関係法人等と共同で行う経営力向上に関するものを含む。以下「経営力向
上計画」という。）を作成し、主務省令で定めるところにより、これを主務大臣
に提出して、その経営力向上計画が適当である旨の認定を受けることができる。
ただし、中小企業者等が共同で経営力向上計画を作成した場合にあっては、主務
省令で定めるところにより、代表者を定め、これを主務大臣に提出するものとす
る。

2　　経営力向上計画には、次に掲げる事項を記載しなければならない。
一　　経営力向上の目標
二　　経営力向上による経営の向上の程度を示す指標
三　　経営力向上の内容及び実施時期（事業承継等を行う場合にあっては、その
　　　実施時期を含む。）
四　　経営力向上を実施するために必要な資金の額及びその調達方法
五　　経営力向上設備等の種類

3　　前項第五号の「経営力向上設備等」とは、商品の生産若しくは販売又は役務
　　の提供の用に供する施設、設備、機器、装置又はプログラムであって、経営力向
　　上に特に資するものとして経済産業省令で定めるものをいう。

4　　第二項第三号に掲げる事項には、特定許認可等（行政手続法（平成五年法律
　　第八十八号）第二条第三号に規定する許認可等であって、それに基づく地位を被
　　承継等中小企業者等が有する場合において当該地位が承継等中小企業者等に承継
　　されることが経営力向上の円滑化に特に資するものとして政令で定めるものをい

う。以下同じ。）に基づく被承継等中小企業者等の地位であって、当該経営力向上のために事業承継等により当該承継等中小企業者等が承継しようとするものを記載することができる。

5　主務大臣は、第一項の認定の申請があった場合において、当該申請に係る経営力向上計画が次の各号のいずれにも適合するものであると認めるときは、その認定をするものとする。

一　第二項第一号から第三号までに掲げる事項が事業分野別指針（当該経営力向上計画に係る事業分野における事業分野別指針が定められていない場合にあっては、基本方針）に照らして適切なものであること。

二　第二項第三号から第五号までに掲げる事項が経営力向上を確実に遂行するため適切なものであること。

6　主務大臣は、経営力向上計画に第四項に規定する特定許認可等に基づく被承継等中小企業者等の地位が記載されている場合において、第一項の認定をしようとするときは、当該特定許認可等をした行政庁に協議し、その同意を得るものとする。

7　行政庁は、主務大臣及び第一項の認定の申請を行った者に対して、前項の同意に必要な情報の提供を求めることができる。

8　行政庁は、当該特定許認可等をする根拠となる規定の趣旨を考慮して、第六項の同意をするかどうかを判断するものとする。

9　前三項に定めるもののほか、第六項の同意に関し必要な事項は、政令で定める。

（経営力向上計画の変更等）

第二十条　前条第一項の認定を受けた中小企業者等は、当該認定に係る経営力向上計画を変更しようとするときは、主務省令で定めるところにより、その認定を

した主務大臣の認定を受けなければならない。

2　主務大臣は、前条第一項の認定に係る経営力向上計画（前項の規定による変更の認定があったときは、その変更後のもの。以下「認定経営力向上計画」という。）に従って経営力向上に係る事業が行われていないと認めるときは、その認定を取り消すことができる。

3　主務大臣は、認定経営力向上計画に従って事業承継等が行われる前に第一項の規定による変更の認定の申請がされ、かつ、その変更が次の各号のいずれかに該当するものである場合において、同項の認定をしようとするときは、当該各号に定める行政庁に協議し、その同意を得るものとする。
一　前条第六項の規定による同意を得てした同条第一項の認定に係る経営力向上計画の変更　同条第六項に規定する行政庁（当該変更が特定許認可等に基づく被承継等中小企業者等の地位の全部又は一部の記載を削除しようとするものである場合においては、当該削除に係る特定許認可等をした行政庁を除く。）
二　新たに特定許認可等に基づく被承継等中小企業者等の地位を記載しようとする変更　当該特定許認可等をした行政庁

4　前条第五項の規定は第一項の認定について、同条第七項から第九項までの規定は前項の同意について、それぞれ準用する。

（協力の要請）
第二十一条　主務大臣は、前二条の規定の施行のために必要があると認めるときは、第四十条第二項に規定する認定事業分野別経営力向上推進機関に対し、資料の提出その他の必要な協力を求めることができる。

（事業再編投資計画の認定）
第二十二条　事業再編投資を行おうとする投資事業有限責任組合は、事業再編投資に関する計画（以下この条及び次条において「事業再編投資計画」という。）を作成し、経済産業省令で定めるところにより、経済産業大臣に提出して、その

事業再編投資計画が適当である旨の認定を受けることができる。

2　事業再編投資計画には、次に掲げる事項を記載しなければならない。

一　事業再編投資の内容及び実施時期

二　事業再編投資を実施するために必要な資金の額及びその調達方法

3　経済産業大臣は、第一項の認定の申請があった場合において、当該申請に係る事業再編投資計画が次の各号のいずれにも適合するものであると認めるときは、その認定をするものとする。

一　前項第一号に掲げる事項が基本方針に照らして適切なものであること。

二　前項各号に掲げる事項が事業再編投資を確実に遂行するために適切なものであること。

（事業再編投資計画の変更等）

第二十三条　前条第一項の認定を受けた投資事業有限責任組合（以下「認定事業再編投資組合」という。）は、当該認定に係る事業再編投資計画を変更しようとするときは、経済産業省令で定めるところにより、経済産業大臣の認定を受けなければならない。

2　経済産業大臣は、前条第一項の認定に係る事業再編投資計画（前項の規定による変更の認定があったときは、その変更後のもの。以下「認定事業再編投資計画」という。）に従って事業再編投資が行われていないと認めるときは、その認定を取り消すことができる。

3　前条第三項の規定は、第一項の認定について準用する。

　　第四節　支援措置

（中小企業信用保険法の特例）

第二十四条　普通保険、無担保保険又は特別小口保険の保険関係であって、経営

革新関連保証（中小企業信用保険法第三条第一項、第三条の二第一項又は第三条の三第一項に規定する債務の保証であって、承認経営革新事業（承認経営革新計画に従って行われる経営革新のための事業をいう。以下同じ。）に必要な資金に係るものをいう。以下この条において同じ。）を受けた中小企業者に係るものについての次の表の上欄に掲げる同法の規定の適用については、これらの規定中同表の中欄に掲げる字句は、同表の下欄に掲げる字句とする。

第三条第一項	保険価額の合計額が	中小企業等経営強化法第二十四条第一項に規定する経営革新関連保証（以下「経営革新関連保証」という。）に係る保険関係の保険価額の合計額とその他の保険関係の保険価額の合計額とがそれぞれ
第三条の二第一項及び第三条の三第一項	保険価額の合計額が	経営革新関連保証に係る保険関係の保険価額の合計額とその他の保険関係の保険価額の合計額とがそれぞれ
第三条の二第三項及び第三条の三第二項	当該借入金の額のうち	経営革新関連保証及びその他の保証ごとに、それぞれ当該借入金の額のうち
	当該債務者	経営革新関連保証及びその他の保証ごとに、当該債務者

2　海外投資関係保険の保険関係であって、経営革新関連保証を受けた中小企業者に係るものについての中小企業信用保険法第三条の七第一項及び第二項の規定の適用については、同条第一項中「二億円」とあるのは「三億円（中小企業等経営強化法第二十四条第一項に規定する承認経営革新事業に必要な資金（以下「経営革新事業資金」という。）以外の資金に係る債務の保証に係る保険関係については、二億円）」と、「四億円」とあるのは「六億円（経営革新事業資金以外の資金に係る債務の保証に係る保険関係については、四億円）」と、同条第二項中「二億円」とあるのは「三億円（経営革新事業資金以外の資金に係る債務の保証に係る保険関係については、二億円）」とする。

3　新事業開拓保険の保険関係であって、経営革新関連保証を受けた中小企業者に係るものについての中小企業信用保険法第三条の八第一項及び第二項の規定の適用については、同条第一項中「二億円」とあるのは「三億円（中小企業等経営強化法第二十四条第一項に規定する承認経営革新事業に必要な資金（以下「経営革新事業資金」という。）以外の資金に係る債務の保証に係る保険関係については、二億円）」と、「四億円」とあるのは「六億円（経営革新事業資金以外の資金に係る債務の保証に係る保険関係については、四億円）」と、同条第二項中「二億円」とあるのは「三億円（経営革新事業資金以外の資金に係る債務の保証に係る保険関係については、二億円）」とする。

4　普通保険、無担保保険、特別小口保険又は中小企業信用保険法第三条の四第一項に規定する流動資産担保保険（以下「流動資産担保保険」という。）の保険関係であって、異分野連携新事業分野開拓関連保証（同法第三条第一項、第三条の二第一項、第三条の三第一項又は第三条の四第一項に規定する債務の保証であって、認定異分野連携新事業分野開拓事業（認定異分野連携新事業分野開拓計画に従って行われる異分野連携新事業分野開拓に係る事業をいう。以下同じ。）に必要な資金に係るものをいう。以下この条において同じ。）を受けた中小企業者に係るものについての次の表の上欄に掲げる同法の規定の適用については、これらの規定中同表の中欄に掲げる字句は、同表の下欄に掲げる字句とする。

第三条第一項	保険価額の合計額が	中小企業等経営強化法第二十四条第四項に規定する異分野連携新事業分野開拓関連保証（以下「異分野連携新事業分野開拓関連保証」という。）に係る保険関係の保険価額の合計額とその他の保険関係の保険価額の合計額とがそれぞれ
第三条の二第一項、第三条の三第一項及び第三条の四第一項	保険価額の合計額が	異分野連携新事業分野開拓関連保証に係る保険関係の保険価額の合計額とその他の保険関係の保険価額の合計額とがそれぞれ
第三条の二第三項、第三条の三第二項及び第三条の四第二項	当該借入金の額のうち	異分野連携新事業分野開拓関連保証及びその他の保証ごとに、それぞれ当該借入金の額のうち
	当該債務者	異分野連携新事業分野開拓関連保証及びその他の保証ごとに、当該債務者

5　海外投資関係保険の保険関係であって、異分野連携新事業分野開拓関連保証を受けた中小企業者に係るものについての中小企業信用保険法第三条の七第一項及び第二項の規定の適用については、同条第一項中「二億円」とあるのは「四億円（中小企業等経営強化法第二十四条第四項に規定する認定異分野連携新事業分野開拓事業に必要な資金（以下「異分野連携新事業分野開拓事業資金」とい

う。）以外の資金に係る債務の保証に係る保険関係については、二億円）」と、
「四億円」とあるのは「六億円（異分野連携新事業分野開拓事業資金以外の資金
に係る債務の保証に係る保険関係については、四億円）」と、同条第二項中「二
億円」とあるのは「四億円（異分野連携新事業分野開拓事業資金以外の資金に係
る債務の保証に係る保険関係については、二億円）」とする。

6　　新事業開拓保険の保険関係であって、異分野連携新事業分野開拓関連保証を
受けた中小企業者に係るものについての中小企業信用保険法第三条の八第一項及
び第二項の規定の適用については、同条第一項中「二億円」とあるのは「四億円
（中小企業等経営強化法第二十四条第四項に規定する認定異分野連携新事業分野
開拓事業に必要な資金（以下「異分野連携新事業分野開拓事業資金」という。）
以外の資金に係る債務の保証に係る保険関係については、二億円）」と、「四億
円」とあるのは「六億円（異分野連携新事業分野開拓事業資金以外の資金に係る
債務の保証に係る保険関係については、四億円）」と、同条第二項中「二億円」
とあるのは「四億円（異分野連携新事業分野開拓事業資金以外の資金に係る債務
の保証に係る保険関係については、二億円）」とする。

7　　普通保険、無担保保険又は特別小口保険の保険関係であって、経営力向上関
連保証（中小企業信用保険法第三条第一項、第三条の二第一項又は第三条の三第
一項に規定する債務の保証であって、認定経営力向上事業（認定経営力向上計画
に従って行われる経営力向上に係る事業をいう。以下同じ。）に必要な資金のう
ち経営力向上に特に資するものとして経済産業省令で定めるものに係るものをい
う。以下この条において同じ。）を受けた中小企業者に係るものについての次の
表の上欄に掲げる同法の規定の適用については、これらの規定中同表の中欄に掲
げる字句は、同表の下欄に掲げる字句とする。

第三条第一項	保険価額の合計額が	中小企業等経営強化法第二十四条第七項に規定する経営力向上関連保証（以下「経営力向上関連

		保証」という。）に係る保険関係の保険価額の合計額とその他の保険関係の保険価額の合計額とがそれぞれ
第三条の二第一項及び第三条の三第一項	保険価額の合計額が	経営力向上関連保証に係る保険関係の保険価額の合計額とその他の保険関係の保険価額の合計額とがそれぞれ
第三条の二第三項及び第三条の三第二項	当該借入金の額のうち	経営力向上関連保証及びその他の保証ごとに、それぞれ当該借入金の額のうち
	当該債務者	経営力向上関連保証及びその他の保証ごとに、当該債務者

8　海外投資関係保険の保険関係であって、経営力向上関連保証を受けた中小企業者に係るものについての中小企業信用保険法第三条の七第一項及び第二項の規定の適用については、同条第一項中「二億円」とあるのは「三億円（中小企業等経営強化法第二十四条第七項に規定する認定経営力向上事業に必要な資金（以下「経営力向上事業資金」という。）以外の資金に係る債務の保証に係る保険関係については、二億円）」と、「四億円」とあるのは「六億円（経営力向上事業資金以外の資金に係る債務の保証に係る保険関係については、四億円）」と、同条第二項中「二億円」とあるのは「三億円（経営力向上事業資金以外の資金に係る債務の保証に係る保険関係については、二億円）」とする。

9　新事業開拓保険の保険関係であって、経営力向上関連保証を受けた中小企業

者に係るものについての中小企業信用保険法第三条の八第一項及び第二項の規定の適用については、同条第一項中「二億円」とあるのは「三億円（中小企業等経営強化法第二十四条第七項に規定する認定経営力向上事業に必要な資金（以下「経営力向上事業資金」という。）以外の資金に係る債務の保証に係る保険関係については、二億円）」と、「四億円」とあるのは「六億円（経営力向上事業資金以外の資金に係る債務の保証に係る保険関係については、四億円）」と、同条第二項中「二億円」とあるのは「三億円（経営力向上事業資金以外の資金に係る債務の保証に係る保険関係については、二億円）」とする。

10　　普通保険の保険関係であって、経営革新関連保証若しくは異分野連携新事業分野開拓関連保証又は経営力向上関連保証に係るものについての中小企業信用保険法第三条第二項及び第五条の規定の適用については、同法第三条第二項中「百分の七十」とあり、及び同法第五条中「百分の七十（無担保保険、特別小口保険、流動資産担保保険、公害防止保険、エネルギー対策保険、海外投資関係保険、新事業開拓保険、事業再生保険及び特定社債保険にあつては、百分の八十）」とあるのは、「百分の八十」とする。

11　　普通保険、無担保保険、特別小口保険又は流動資産担保保険の保険関係であって、経営革新関連保証若しくは異分野連携新事業分野開拓関連保証又は経営力向上関連保証に係るものについての保険料の額は、中小企業信用保険法第四条の規定にかかわらず、保険金額に年百分の二以内において政令で定める率を乗じて得た額とする。

（中小企業投資育成株式会社法の特例）

第二十五条　　中小企業投資育成株式会社は、中小企業投資育成株式会社法第五条第一項各号に掲げる事業のほか、次に掲げる事業を行うことができる。

一　　中小企業者が承認経営革新事業若しくは認定異分野連携新事業分野開拓事業又は認定経営力向上事業を行うために資本金の額が三億円を超える株式会社を設立する際に発行する株式の引受け及び当該引受けに係る株式の保有

二　　中小企業者のうち資本金の額が三億円を超える株式会社が承認経営革新事業

若しくは認定異分野連携新事業分野開拓事業又は認定経営力向上事業を行うために必要とする資金の調達を図るために発行する株式、新株予約権（新株予約権付社債に付されたものを除く。）又は新株予約権付社債等の引受け及び当該引受けに係る株式、新株予約権（その行使により発行され、又は移転された株式を含む。）又は新株予約権付社債等（新株予約権付社債等に付された新株予約権の行使により発行され、又は移転された株式を含む。）の保有

2　　前項第一号の規定による株式の引受け及び当該引受けに係る株式の保有並びに同項第二号の規定による株式、新株予約権（新株予約権付社債に付されたものを除く。）又は新株予約権付社債等の引受け及び当該引受けに係る株式、新株予約権（その行使により発行され、又は移転された株式を含む。）又は新株予約権付社債等（新株予約権付社債等に付された新株予約権の行使により発行され、又は移転された株式を含む。）の保有は、中小企業投資育成株式会社法の適用については、それぞれ同法第五条第一項第一号及び第二号の事業とみなす。

（株式会社日本政策金融公庫法の特例）
第二十六条　　株式会社日本政策金融公庫は、株式会社日本政策金融公庫法（平成十九年法律第五十七号）第十一条の規定にかかわらず、次に掲げる業務を行うことができる。

一　　中小企業者及び組合等（当該中小企業者及び組合等がその外国関係法人等の全部又は一部と共同で経営革新を行う場合にあっては、当該外国関係法人等を含む。）が海外において承認経営革新事業を行うために必要とする長期の資金の借入れ（外国の銀行その他の金融機関のうち経済産業省令・財務省令で定めるものからの借入れに限る。以下この項及び第五十七条第一項において同じ。）に係る債務の保証（債務を負担する行為であって債務の保証に準ずるものを含む。以下この項及び第五十七条第一項において同じ。）を行うこと。

二　　複数の中小企業者（当該複数の中小企業者がそれぞれの中小企業者の外国関係法人等の全部又は一部と共同で異分野連携新事業分野開拓を行う場合にあっては、当該外国関係法人等を含む。）が海外において認定異分野連携新事業分野開拓事業を行うために必要とする長期の資金の借入れに係る債務の保証を行うこ

36

と。

三　中小企業者及び組合等（当該中小企業者及び組合等がその外国関係法人等の全部又は一部と共同で経営力向上を行う場合にあっては、当該外国関係法人等を含む。）が海外において認定経営力向上事業を行うために必要とする長期の資金の借入れに係る債務の保証を行うこと。

2　前項の規定による債務の保証は、株式会社日本政策金融公庫法の適用については、同法第十一条第一項第二号の規定による同法別表第二第四号の下欄に掲げる業務とみなす。

（中小企業基盤整備機構の行う経営力向上促進業務及び事業再編投資円滑化業務）

第二十七条　中小企業基盤整備機構は、経営力向上を促進するため、中小企業者等（第二条第二項第三号又は第四号に掲げる者に限る。以下この条において同じ。）が認定経営力向上事業を行うために必要とする資金の借入れに係る債務の保証及び中小企業者等（会社に限る。）が当該資金を調達するために発行する社債に係る債務の保証の業務を行う。

2　中小企業基盤整備機構は、事業再編投資を円滑化するため、認定事業再編投資組合が認定事業再編投資計画に従って事業再編投資を実施するために必要な資金の借入れに係る債務の保証の業務を行う。

（食品等の流通の合理化及び取引の適正化に関する法律の特例）

第二十八条　食品等の流通の合理化及び取引の適正化に関する法律（平成三年法律第五十九号）第十六条第一項の規定により指定された食品等流通合理化促進機構は、同法第十七条各号に掲げる業務のほか、次に掲げる業務を行うことができる。

一　食品等（食品等の流通の合理化及び取引の適正化に関する法律第二条第一項に規定する食品等をいう。）の生産、製造、加工又は販売の事業を行う者（次号において「食品等製造業者等」という。）が実施する承認経営革新事業若しくは

認定異分野連携新事業分野開拓事業又は認定経営力向上事業に必要な資金の借入れに係る債務を保証すること。

二　承認経営革新事業若しくは認定異分野連携新事業分野開拓事業又は認定経営力向上事業を実施する食品等製造業者等に対し、必要な資金のあっせんを行うこと。

三　前二号に掲げる業務に附帯する業務を行うこと。

2　前項の規定により食品等流通合理化促進機構の業務が行われる場合には、次の表の上欄に掲げる食品等の流通の合理化及び取引の適正化に関する法律の規定の適用については、これらの規定中同表の中欄に掲げる字句は、同表の下欄に掲げる字句とする。

第十八条第一項	前条第一号に掲げる業務	前条第一号に掲げる業務及び中小企業等経営強化法（平成十一年法律第十八号）第二十八条第一項第一号に掲げる業務
第十九条第一項	第十七条第一号に掲げる業務	第十七条第一号に掲げる業務及び中小企業等経営強化法第二十八条第一項第一号に掲げる業務
第二十三条第一項、第二十四条及び第二十五条第一項第一号	第十七条各号に掲げる業務	第十七条各号に掲げる業務又は中小企業等経営強化法第二十八条第一項各号に掲げる業務
第二十五条第一項第三号	この節	この節若しくは中小企業等経営強化法
第三十二条第二号	第二十三条第一項	中小企業等経営強化法第二十八条第二項の規定により読み替えて適用する

		第二十三条第一項
第三十二条第三号	第二十四条	中小企業等経営強化法第二十八条第二項の規定により読み替えて適用する第二十四条

（特定許認可等に基づく地位の承継等）

第二十九条　認定経営力向上計画（事業承継等に係る事項の記載があるものに限る。）に第十九条第四項の特定許認可等に基づく被承継等中小企業者等の地位が記載されている場合において、当該認定経営力向上計画に従って事業承継等が行われたときは、承継等中小企業者等は、当該特定許認可等の根拠となる法令の規定にかかわらず、当該特定許認可等に基づく被承継等中小企業者等の地位を承継する。

2　承継等中小企業者等は、当該認定経営力向上計画に従って事業承継等を行ったときは、遅滞なく、その事実を証する書面を添えて、その旨を主務大臣に報告しなければならない。

3　主務大臣は、第一項の規定により承継等中小企業者等が特定許認可等に基づく被承継等中小企業者等の地位を承継した場合において、前項の規定による報告を受けたときは、主務省令で定めるところにより、その報告に係る事項を当該特定許認可等に係る行政庁に通知するものとする。

4　この法律に定めるもののほか、特定許認可等に基づく地位の承継に関し必要な事項は、政令で定める。

（中小企業等協同組合法及び中小企業団体の組織に関する法律の特例）

第三十条　中小企業者が認定経営力向上計画（事業承継等（第二条第十二項第九号に掲げる措置に限る。）に係る事項の記載があるものに限る。）に従って当該認定の日から二月を経過する日までに当該認定に係る事業協同組合、企業組合及

び協業組合を設立する場合における中小企業等協同組合法第二十四条第一項及び中小企業団体の組織に関する法律第五条の十五第一項の適用については、これらの規定中「四人以上」とあるのは、「三人以上」とする。

（事業の譲渡の場合の債権者の異議の催告等）

第三十一条　認定経営力向上計画に記載された被承継等中小企業者等であって株式会社であるもの（以下この項及び第四項において単に「会社」という。）は、認定経営力向上計画（事業承継等（第二条第十二項第七号に掲げる措置のうち事業の譲受けに係るものに限る。）に係る事項の記載があるものに限る。）に従って行われる事業の全部又は一部の譲渡について株主総会若しくは取締役会の決議又は執行役の決定がされたときは、当該決議又は決定の日から二週間以内に、特定債権者（当該会社に対する債権を有する者のうち、当該事業の全部又は一部の譲渡に伴い、当該事業の全部又は一部を譲り受ける者に対する債権を有することとなり、当該債権を当該会社に対して有しないこととなる者をいう。第三項及び第四項において同じ。）に対して各別に、当該事業の全部又は一部の譲渡の要領を通知し、かつ、当該事業の全部又は一部の譲渡に異議のある場合には一定の期間内に異議を述べるべき旨を催告することができる。

2　前項の期間は、一月を下ってはならない。

3　第一項に規定する催告を受けた特定債権者が同項の期間内に異議を述べなかったときは、当該特定債権者は、当該事業の全部又は一部の譲渡を承認したものとみなす。

4　特定債権者が第一項の期間内に異議を述べたときは、当該会社は弁済し、又は相当の担保を提供し、若しくは特定債権者に弁済を受けさせることを目的として信託会社若しくは信託業務を営む金融機関に相当の財産を信託しなければならない。ただし、当該事業の全部又は一部の譲渡をしても当該特定債権者を害するおそれがないときは、この限りでない。

第五節　　支援体制の整備

（認定経営革新等支援機関）

第三十二条　　主務大臣は、主務省令で定めるところにより、次項に規定する業務
（以下「経営革新等支援業務」という。）を行う者であって、基本方針に適合す
ると認められるものを、その申請により、経営革新等支援業務を行う者として認
定することができる。

2　　前項の認定を受けた者（以下「認定経営革新等支援機関」という。）は、次
に掲げる業務を行うものとする。

一　　経営革新若しくは異分野連携新事業分野開拓を行おうとする中小企業又は経
営力向上を行おうとする中小企業等の経営資源の内容、財務内容その他経営の状
況の分析

二　　経営革新のための事業若しくは異分野連携新事業分野開拓に係る事業又は経
営力向上に係る事業の計画の策定に係る指導及び助言並びに当該計画に従って行
われる事業の実施に関し必要な指導及び助言

3　　第一項の認定を受けようとする者は、主務省令で定めるところにより、次に
掲げる事項を記載した申請書を主務大臣に提出しなければならない。

一　　氏名又は名称及び住所並びに法人にあっては、その代表者の氏名

二　　事務所の所在地

三　　経営革新等支援業務に関する次に掲げる事項

イ　　経営革新等支援業務の内容

ロ　　経営革新等支援業務の実施体制

ハ　　イ及びロに掲げるもののほか、主務省令で定める事項

4　　認定経営革新等支援機関は、前項第一号及び第二号に掲げる事項に変更があ
ったときは遅滞なく、同項第三号イからハまでに掲げる事項の変更（主務省令で
定める軽微な変更を除く。）をしようとするときはあらかじめ、その旨を主務大
臣に届け出なければならない。

（欠格条項）

第三十三条　　次の各号のいずれかに該当する者は、前条第一項の認定を受けることができない。

一　　禁錮以上の刑に処せられ、その執行を終わり、又は執行を受けることがなくなった日から起算して五年を経過しない者

二　　この法律の規定により罰金の刑に処せられ、その執行を終わり、又は執行を受けることがなくなった日から起算して五年を経過しない者

三　　心身の故障により経営革新等支援業務を適正に行うことができない者として主務省令で定めるもの

四　　破産手続開始の決定を受けて復権を得ない者又は外国の法令上これと同様に取り扱われている者

五　　第三十七条の規定により認定を取り消され、当該取消しの日から起算して五年を経過しない者

六　　暴力団員による不当な行為の防止等に関する法律（平成三年法律第七十七号）第二条第六号に規定する暴力団員又は同号に規定する暴力団員でなくなった日から起算して五年を経過しない者（第八号において「暴力団員等」という。）

七　　法人であって、その役員のうちに前各号のいずれかに該当する者があるもの

八　　暴力団員等がその事業活動を支配する者

（認定の更新）

第三十四条　　第三十二条第一項の認定は、五年ごとにその更新を受けなければ、その期間の経過によって、その効力を失う。

2　　第三十二条第一項及び第三項並びに前条の規定は、前項の認定の更新に準用する。

（廃止の届出）

第三十五条　　認定経営革新等支援機関は、その認定に係る業務を廃止しようとするときは、主務省令で定めるところにより、あらかじめ、その旨を主務大臣に届

け出なければならない。

　（改善命令）

第三十六条　主務大臣は、基本方針に照らし認定経営革新等支援機関の経営革新
　等支援業務の運営に関し改善が必要であると認めるときは、その認定経営革新等
　支援機関に対し、その改善に必要な措置を講ずべきことを命ずることができる。

　（認定の取消し）

第三十七条　主務大臣は、認定経営革新等支援機関が次の各号のいずれかに該当
　するときは、その認定を取り消すことができる。

一　第三十三条各号（第五号を除く。）のいずれかに該当するに至ったとき。

二　前条の規定による命令に違反したとき。

三　不正の手段により第三十二条第一項の認定又は第三十四条第一項の認定の更
　新を受けたことが判明したとき。

　（中小企業信用保険法の特例）

第三十八条　第三十二条第一項の規定による認定を受けた一般社団法人（その社
　員総会における議決権の二分の一以上を中小企業者が有しているものに限る。）、
　一般財団法人（その設立に際して拠出された財産の価額の二分の一以上が中小企
　業者により拠出されているものに限る。）又は特定非営利活動法人（その社員総
　会における表決権の二分の一以上を中小企業者が有しているものに限り、かつ、
　中小企業信用保険法第二条第一項第六号に該当するものを除く。）であって、経
　営革新等支援業務の実施に必要な資金に係る同法第三条第一項又は第三条の二第
　一項に規定する債務の保証を受けたもの（以下この条において「認定一般社団法
　人等」という。）については、当該認定一般社団法人等を同法第二条第一項の中
　小企業者とみなして、同法第三条、第三条の二及び第四条から第八条までの規定
　を適用する。この場合において、これらの規定中「借入れ」とあるのは、「中小
　企業等経営強化法第三十八条に規定する認定一般社団法人等が行う同法第三十二
　条第一項に規定する経営革新等支援業務の実施に必要な資金の借入れ」とする。

（中小企業基盤整備機構の行う認定経営革新等支援機関協力業務）

第三十九条　中小企業基盤整備機構は、認定経営革新等支援機関の依頼に応じて、専門家の派遣その他経営革新等支援業務の実施に関し必要な協力の業務を行う。

（認定事業分野別経営力向上推進機関）

第四十条　主務大臣は、主務省令で定めるところにより、事業分野別指針が定められた事業分野において、次項に規定する業務（以下「事業分野別経営力向上推進業務」という。）を行う者であって、事業分野別指針に適合すると認められるものを、その申請により、事業分野ごとに、事業分野別経営力向上推進業務を行う者として認定することができる。

2　前項の認定を受けた者（以下「認定事業分野別経営力向上推進機関」という。）は、次に掲げる業務を行うものとする。

一　当該事業分野における事業分野別指針に定められた事項に関する普及啓発及び研修を行うこと。

二　当該事業分野における経営力向上に関する最新の知見の充実を図るため、これに関する情報の収集、整理及び分析並びに調査研究を行うこと。

3　第一項の認定を受けようとする者は、主務省令で定めるところにより、次に掲げる事項を記載した申請書を主務大臣に提出しなければならない。

一　氏名又は名称及び住所並びに法人にあっては、その代表者の氏名

二　事務所の所在地

三　事業分野別経営力向上推進業務に関する次に掲げる事項

イ　事業分野別経営力向上推進業務の内容

ロ　事業分野別経営力向上推進業務の実施体制

ハ　イ及びロに掲げるもののほか、主務省令で定める事項

4　認定事業分野別経営力向上推進機関は、前項第一号及び第二号に掲げる事項

に変更があったときは遅滞なく、同項第三号イからハまでに掲げる事項の変更
（主務省令で定める軽微な変更を除く。）をしようとするときはあらかじめ、そ
の旨を主務大臣に届け出なければならない。

（中小企業基盤整備機構の行う認定事業分野別経営力向上推進機関協力業務）

第四十一条　　中小企業基盤整備機構は、認定事業分野別経営力向上推進機関の依
頼に応じて、専門家の派遣その他事業分野別経営力向上推進業務の実施に関し必
要な協力の業務を行う。

（認定事業分野別経営力向上推進機関に対する能力開発事業としての助成及び
援助）

第四十二条　　政府は、経営力向上を行おうとする中小企業者等の雇用する労働者
の能力の開発及び向上を図るため、認定事業分野別経営力向上推進機関（第四十
条第二項第一号に掲げる業務のうち労働者の知識及び技能の向上に係るものを行
う場合に限る。）に対して、雇用保険法（昭和四十九年法律第百十六号）第六十
三条の能力開発事業として、必要な助成及び援助を行うことができる。

（準用）

第四十三条　　第三十三条から第三十七条までの規定は、認定事業分野別経営力向
上推進機関について準用する。この場合において、第三十三条第三号及び第三十
六条中「経営革新等支援業務」とあるのは「事業分野別経営力向上推進業務」
と、同条中「基本方針」とあるのは「事業分野別指針」と読み替えるものとする。

（認定情報処理支援機関）

第四十四条　　経済産業大臣は、経済産業省令で定めるところにより、ソフトウェ
ア業又は情報処理サービス業に属する事業を行う者であって、情報処理に関する
高度な知識及び経験を有するもののうち、次項に規定する業務（以下「情報処理
支援業務」という。）を行うものであって、基本方針に適合すると認められるも
のを、その申請により、情報処理支援業務を行う者として認定することができ

る。

2　前項の認定を受けた者（以下「認定情報処理支援機関」という。）は、経営能率の相当程度の向上を行おうとする中小企業者等に対する情報処理を行う方法（サイバーセキュリティ（サイバーセキュリティ基本法（平成二十六年法律第百四号）第二条に規定するサイバーセキュリティをいう。第四十六条において同じ。）の確保を含む。）に係る指導、助言、情報の提供その他の情報処理に関する支援を行うものとする。

3　第一項の認定を受けようとする者は、経済産業省令で定めるところにより、次に掲げる事項を記載した申請書を経済産業大臣に提出しなければならない。
一　氏名又は名称及び住所並びに法人にあっては、その代表者の氏名
二　事務所の所在地
三　情報処理支援業務に関する次に掲げる事項
　イ　情報処理支援業務の内容
　ロ　情報処理支援業務の実施体制
　ハ　イ及びロに掲げるもののほか、経済産業省令で定める事項

4　認定情報処理支援機関は、前項第一号及び第二号に掲げる事項に変更があったときは遅滞なく、同項第三号イからハまでに掲げる事項の変更（経済産業省令で定める軽微な変更を除く。）をしようとするときはあらかじめ、その旨を経済産業大臣に届け出なければならない。

　（中小企業信用保険法の特例）
第四十五条　前条第一項の規定による認定を受けた一般社団法人（その社員総会における議決権の二分の一以上を中小企業者が有しているものに限る。）又は一般財団法人（その設立に際して拠出された財産の価額の二分の一以上が中小企業者により拠出されているものに限る。）であって、情報処理支援業務の実施に必要な資金に係る中小企業信用保険法第三条第一項又は第三条の二第一項に規定する債務の保証を受けたもの（以下この条において「認定一般社団法人等」とい

う。）については、当該認定一般社団法人等を同法第二条第一項の中小企業者と
みなして、同法第三条、第三条の二及び第四条から第八条までの規定を適用する。
この場合において、これらの規定中「借入れ」とあるのは、「中小企業等経営強
化法第四十五条に規定する認定一般社団法人等が行う同法第四十四条第一項に規
定する情報処理支援業務の実施に必要な資金の借入れ」とする。

（独立行政法人情報処理推進機構の行う認定情報処理支援機関協力業務）

第四十六条　　独立行政法人情報処理推進機構（第七十条及び第七十一条において
「情報処理推進機構」という。）は、認定情報処理支援機関の依頼に応じて、そ
の情報処理支援業務の実施に当たってのサイバーセキュリティの確保に関する情
報の提供その他必要な協力の業務を行う。

（中小企業基盤整備機構の行う認定情報処理支援機関協力業務）

第四十七条　　中小企業基盤整備機構は、認定情報処理支援機関の依頼に応じて、
専門家の派遣その他情報処理支援業務の実施に関し必要な協力の業務を行う。

（準用）

第四十八条　　第三十三条から第三十七条までの規定は、認定情報処理支援機関に
ついて準用する。この場合において、第三十三条第三号及び第三十六条中「経営
革新等支援業務」とあるのは「情報処理支援業務」と、第三十三条第三号及び第
三十五条中「主務省令」とあるのは「経済産業省令」と、第三十四条第一項中
「五年」とあるのは「三年」と、第三十五条から第三十七条までの規定中「主務
大臣」とあるのは「経済産業大臣」と読み替えるものとする。

　　第四章　　中小企業の事業継続力強化

　　第一節　　事業継続力強化

（事業継続力強化計画作成指針）

第四十九条　　経済産業大臣は、事業継続力強化計画（次条第一項に規定する事業

継続力強化計画をいう。）及び連携事業継続力強化計画（第五十二条第一項に規
定する連携事業継続力強化計画をいう。）の適確な作成に資するため、これらの
計画の作成のための指針（以下この条において「事業継続力強化計画作成指針」
という。）を定めるものとする。

2　　経済産業大臣は、中小企業者の事業継続力強化に対する取組の状況その他の
事情を勘案して必要があると認めるときは、事業継続力強化計画作成指針を変更
するものとする。

3　　経済産業大臣は、事業継続力強化計画作成指針を定め、又は変更しようとす
るときは、あらかじめ、専門家その他の関係者の意見を聴くものとする。

4　　経済産業大臣は、事業継続力強化計画作成指針を定め、又はこれを変更した
ときは、遅滞なく、これを公表しなければならない。

（事業継続力強化計画の認定）
第五十条　　中小企業者は、事業継続力強化に関する計画（以下この条及び次条に
おいて「事業継続力強化計画」という。）を作成し、経済産業省令で定めるとこ
ろにより、これを経済産業大臣に提出して、その事業継続力強化計画が適当であ
る旨の認定を受けることができる。

2　　事業継続力強化計画には、次に掲げる事項を記載しなければならない。
一　　事業継続力強化の目標
二　　事業継続力強化の内容に関する次に掲げる事項
　イ　　自然災害等が発生した場合における対応手順
　ロ　　事業継続力強化設備等（事業継続力強化に特に資する設備、機器又は装置
　　として経済産業省令で定めるものをいう。第五十二条第二項第三号ロにおいて
　　同じ。）の種類
　ハ　　損害保険契約の締結その他の事業活動を継続するための資金の調達手段の
　　確保に関する事項

ニ　　事業継続力強化の実施に協力する地方公共団体、親事業者、政府関係金融機関、商工会、商工会議所、中小企業団体中央会その他の者（以下この号において「協力者」という。）がある場合は、当該協力者の名称及び住所並びにその代表者の氏名並びにその協力の内容

ホ　　必要な組織の整備、訓練の実施その他の事業継続力強化の実効性を確保するための取組に関する事項

ヘ　　イからホまでに掲げるもののほか、事業継続力強化に資する対策及び取組に関する事項

ト　　その他経済産業省令で定める事項

三　　事業継続力強化の実施時期

四　　事業継続力強化を実施するために必要な資金の額及びその調達方法

3　　経済産業大臣は、第一項の認定の申請があった場合において、当該申請に係る事業継続力強化計画が次の各号のいずれにも適合するものであると認めるときは、その認定をするものとする。

一　　前項第一号から第三号までに掲げる事項が基本方針に照らして適切なものであること。

二　　前項第二号から第四号までに掲げる事項が事業継続力強化を確実に遂行するために適切なものであること。

（事業継続力強化計画の変更等）

第五十一条　　前条第一項の認定を受けた中小企業者は、当該認定に係る事業継続力強化計画を変更しようとするときは、経済産業省令で定めるところにより、経済産業大臣の認定を受けなければならない。

2　　経済産業大臣は、前条第一項の認定に係る事業継続力強化計画（前項の規定による変更の認定があったときは、その変更後のもの。第五十四条第一項及び第七十七条第五項において「認定事業継続力強化計画」という。）に従って事業継続力強化が行われていないと認めるときは、その認定を取り消すことができる。

3　　前条第三項の規定は、第一項の認定について準用する。

（連携事業継続力強化計画の認定）

第五十二条　　複数の中小企業者は、共同で、連携事業継続力強化に関する計画
　　（複数の中小企業者がそれぞれの中小企業者の外国関係法人等の全部又は一部と
　　共同で連携事業継続力強化を行おうとする場合にあっては、当該複数の中小企業
　　者が当該外国関係法人等と共同で行う連携事業継続力強化に関するものを含む。
　　以下この条及び次条において「連携事業継続力強化計画」という。）を作成し、
　　経済産業省令で定めるところにより、代表者を定め、これを経済産業大臣に提出
　　して、その連携事業継続力強化計画が適当である旨の認定を受けることができ
　　る。

2　　連携事業継続力強化計画には、次に掲げる事項を記載しなければならない。
　一　　連携事業継続力強化の目標
　二　　連携事業継続力強化を行う中小企業者（複数の中小企業者がそれぞれの中小
　　企業者の外国関係法人等の全部又は一部と共同で連携事業継続力強化を行おうと
　　する場合にあっては、当該外国関係法人等を含む。）以外の事業者（以下この号
　　において「大企業者」という。）がある場合は、当該大企業者の名称及び住所並
　　びにその代表者の氏名
　三　　連携事業継続力強化の内容に関する次に掲げる事項
　　イ　　連携事業継続力強化における連携の態様
　　ロ　　事業継続力強化設備等の種類
　　ハ　　連携事業継続力強化の実施に協力する地方公共団体、親事業者、政府関係
　　　金融機関、商工会、商工会議所、中小企業団体中央会その他の者（以下この号
　　　において「協力者」という。）がある場合は、当該協力者の名称及び住所並び
　　　にその代表者の氏名並びにその協力の内容
　　ニ　　必要な組織の整備、訓練の実施その他の連携事業継続力強化の実効性を確
　　　保するための取組に関する事項
　　ホ　　その他経済産業省令で定める事項
　四　　連携事業継続力強化の実施時期

　五　　連携事業継続力強化を実施するために必要な資金の額及びその調達方法

3　　経済産業大臣は、第一項の認定の申請があった場合において、当該申請に係る連携事業継続力強化計画が次の各号のいずれにも適合するものであると認めるときは、その認定をするものとする。

一　　前項第一号、第三号及び第四号に掲げる事項が基本方針に照らして適切なものであること。

二　　前項第三号から第五号までに掲げる事項が連携事業継続力強化を確実に遂行するために適切なものであること。

（連携事業継続力強化計画の変更等）

第五十三条　　前条第一項の認定を受けた中小企業者は、当該認定に係る連携事業継続力強化計画を変更しようとするときは、経済産業省令で定めるところにより、経済産業大臣の認定を受けなければならない。

2　　経済産業大臣は、前条第一項の認定に係る連携事業継続力強化計画（前項の規定による変更の認定があったときは、その変更後のもの。第五十五条第一項及び第七十七条第五項において「認定連携事業継続力強化計画」という。）に従って連携事業継続力強化が行われていないと認めるときは、その認定を取り消すことができる。

3　　前条第三項の規定は、第一項の認定について準用する。

　　第二節　　支援措置

（中小企業信用保険法の特例）

第五十四条　　普通保険、無担保保険又は特別小口保険の保険関係であって、事業継続力強化関連保証（中小企業信用保険法第三条第一項、第三条の二第一項又は第三条の三第一項に規定する債務の保証であって、認定事業継続力強化（認定事業継続力強化計画に従って行われる事業継続力強化をいう。以下同じ。）に必要

な資金に係るものをいう。以下この条において同じ。）を受けた中小企業者に係るものについての次の表の上欄に掲げる同法の規定の適用については、これらの規定中同表の中欄に掲げる字句は、同表の下欄に掲げる字句とする。

第三条第一項	保険価額の合計額が	中小企業等経営強化法第五十四条第一項に規定する事業継続力強化関連保証（以下「事業継続力強化関連保証」という。）に係る保険関係の保険価額の合計額とその他の保険関係の保険価額の合計額とがそれぞれ
第三条の二第一項及び第三条の三第一項	保険価額の合計額が	事業継続力強化関連保証に係る保険関係の保険価額の合計額とその他の保険関係の保険価額の合計額とがそれぞれ
第三条の二第三項及び第三条の三第二項	当該借入金の額のうち	事業継続力強化関連保証及びその他の保証ごとに、それぞれ当該借入金の額のうち
	当該債務者	事業継続力強化関連保証及びその他の保証ごとに、当該債務者

2　海外投資関係保険の保険関係であって、事業継続力強化関連保証を受けた中小企業者に係るものについての中小企業信用保険法第三条の七第一項及び第二項の規定の適用については、同条第一項中「二億円」とあるのは「四億円（中小企

業等経営強化法第五十四条第一項に規定する認定事業継続力強化に必要な資金（以下「事業継続力強化資金」という。）以外の資金に係る債務の保証に係る保険関係については、二億円）」と、「四億円」とあるのは「六億円（事業継続力強化資金以外の資金に係る債務の保証に係る保険関係については、四億円）」と、同条第二項中「二億円」とあるのは「四億円（事業継続力強化資金以外の資金に係る債務の保証に係る保険関係については、二億円）」とする。

3　新事業開拓保険の保険関係であって、事業継続力強化関連保証を受けた中小企業者に係るものについての中小企業信用保険法第三条の八第一項及び第二項の規定の適用については、同条第一項中「二億円」とあるのは「三億円（中小企業等経営強化法第五十四条第一項に規定する認定事業継続力強化に必要な資金（以下「事業継続力強化資金」という。）以外の資金に係る債務の保証に係る保険関係については、二億円）」と、「四億円」とあるのは「六億円（事業継続力強化資金以外の資金に係る債務の保証に係る保険関係については、四億円）」と、同条第二項中「二億円」とあるのは「三億円（事業継続力強化資金以外の資金に係る債務の保証に係る保険関係については、二億円）」とする。

4　普通保険の保険関係であって、事業継続力強化関連保証に係るものについての中小企業信用保険法第三条第二項及び第五条の規定の適用については、同法第三条第二項中「百分の七十」とあり、及び同法第五条中「百分の七十（無担保保険、特別小口保険、流動資産担保保険、公害防止保険、エネルギー対策保険、海外投資関係保険、新事業開拓保険、事業再生保険及び特定社債保険にあつては、百分の八十）」とあるのは、「百分の八十」とする。

5　普通保険、無担保保険又は特別小口保険の保険関係であって、事業継続力強化関連保証に係るものについての保険料の額は、中小企業信用保険法第四条の規定にかかわらず、保険金額に年百分の二以内において政令で定める率を乗じて得た額とする。

第五十五条　普通保険、無担保保険又は特別小口保険の保険関係であって、連携

事業継続力強化関連保証（中小企業信用保険法第三条第一項、第三条の二第一項又は第三条の三第一項に規定する債務の保証であって、認定連携事業継続力強化（認定連携事業継続力強化計画に従って行われる連携事業継続力強化をいう。以下同じ。）に必要な資金に係るものをいう。以下この条において同じ。）を受けた中小企業者に係るものについての次の表の上欄に掲げる同法の規定の適用については、これらの規定中同表の中欄に掲げる字句は、同表の下欄に掲げる字句とする。

第三条第一項	保険価額の合計額が	中小企業等経営強化法第五十五条第一項に規定する連携事業継続力強化関連保証（以下「連携事業継続力強化関連保証」という。）に係る保険関係の保険価額の合計額とその他の保険関係の保険価額の合計額とがそれぞれ
第三条の二第一項及び第三条の三第一項	保険価額の合計額が	連携事業継続力強化関連保証に係る保険関係の保険価額の合計額とその他の保険関係の保険価額の合計額とがそれぞれ
第三条の二第三項及び第三条の三第二項	当該借入金の額のうち	連携事業継続力強化関連保証及びその他の保証ごとに、それぞれ当該借入金の額のうち
	当該債務者	連携事業継続力強化関連保証及びその他の保証ごとに、当該債務者

2 　海外投資関係保険の保険関係であって、連携事業継続力強化関連保証を受け
た中小企業者に係るものについての中小企業信用保険法第三条の七第一項及び第
二項の規定の適用については、同条第一項中「二億円」とあるのは「三億円（中
小企業等経営強化法第五十五条第一項に規定する認定連携事業継続力強化に必要
な資金（以下「連携事業継続力強化資金」という。）以外の資金に係る債務の保
証に係る保険関係については、二億円）」と、「四億円」とあるのは「六億円
（連携事業継続力強化資金以外の資金に係る債務の保証に係る保険関係について
は、四億円）」と、同条第二項中「二億円」とあるのは「三億円（連携事業継続
力強化資金以外の資金に係る債務の保証に係る保険関係については、二億円）」
とする。

3 　新事業開拓保険の保険関係であって、連携事業継続力強化関連保証を受けた
中小企業者に係るものについての中小企業信用保険法第三条の八第一項及び第二
項の規定の適用については、同条第一項中「二億円」とあるのは「三億円（中小
企業等経営強化法第五十五条第一項に規定する認定連携事業継続力強化に必要な
資金（以下「連携事業継続力強化資金」という。）以外の資金に係る債務の保証
に係る保険関係については、二億円）」と、「四億円」とあるのは「六億円（連
携事業継続力強化資金以外の資金に係る債務の保証に係る保険関係については、
四億円）」と、同条第二項中「二億円」とあるのは「三億円（連携事業継続力強
化資金以外の資金に係る債務の保証に係る保険関係については、二億円）」とす
る。

4 　普通保険の保険関係であって、連携事業継続力強化関連保証に係るものにつ
いての中小企業信用保険法第三条第二項及び第五条の規定の適用については、同
法第三条第二項中「百分の七十」とあり、及び同法第五条中「百分の七十（無担
保保険、特別小口保険、流動資産担保保険、公害防止保険、エネルギー対策保
険、海外投資関係保険、新事業開拓保険、事業再生保険及び特定社債保険にあつ
ては、百分の八十）」とあるのは、「百分の八十」とする。

5 　普通保険、無担保保険又は特別小口保険の保険関係であって、連携事業継続

力強化関連保証に係るものについての保険料の額は、中小企業信用保険法第四条の規定にかかわらず、保険金額に年百分の二以内において政令で定める率を乗じて得た額とする。

（中小企業投資育成株式会社法の特例）

第五十六条　中小企業投資育成株式会社は、中小企業投資育成株式会社法第五条第一項各号に掲げる事業のほか、次に掲げる事業を行うことができる。

一　中小企業者が認定事業継続力強化又は認定連携事業継続力強化を行うために資本金の額が三億円を超える株式会社を設立する際に発行する株式の引受け及び当該引受けに係る株式の保有

二　中小企業者のうち資本金の額が三億円を超える株式会社が認定事業継続力強化又は認定連携事業継続力強化を行うために必要とする資金の調達を図るために発行する株式、新株予約権（新株予約権付社債に付されたものを除く。）又は新株予約権付社債等の引受け及び当該引受けに係る株式、新株予約権（その行使により発行され、又は移転された株式を含む。）又は新株予約権付社債等（新株予約権付社債等に付された新株予約権の行使により発行され、又は移転された株式を含む。）の保有

2　前項第一号の規定による株式の引受け及び当該引受けに係る株式の保有並びに同項第二号の規定による株式、新株予約権（新株予約権付社債に付されたものを除く。）又は新株予約権付社債等の引受け及び当該引受けに係る株式、新株予約権（その行使により発行され、又は移転された株式を含む。）又は新株予約権付社債等（新株予約権付社債等に付された新株予約権の行使により発行され、又は移転された株式を含む。）の保有は、中小企業投資育成株式会社法の適用については、それぞれ同法第五条第一項第一号及び第二号の事業とみなす。

（株式会社日本政策金融公庫法の特例）

第五十七条　株式会社日本政策金融公庫は、株式会社日本政策金融公庫法第十一条の規定にかかわらず、次に掲げる業務を行うことができる。

一　中小企業者が海外において認定事業継続力強化を行うために必要とする長期

の資金の借入れに係る債務の保証を行うこと。

二　　複数の中小企業者（当該複数の中小企業者がそれぞれの中小企業者の外国関係法人等の全部又は一部と共同で認定連携事業継続力強化を行う場合にあっては、当該外国関係法人等を含む。）が海外において認定連携事業継続力強化を行うために必要とする長期の資金の借入れに係る債務の保証を行うこと。

2　　前項の規定による債務の保証は、株式会社日本政策金融公庫法の適用については、同法第十一条第一項第二号の規定による同法別表第二第四号の下欄に掲げる業務とみなす。

（中小企業基盤整備機構の行う認定事業継続力強化又は認定連携事業継続力強化に関する協力業務）

第五十八条　　中小企業基盤整備機構は、第五十条第一項又は第五十二条第一項の認定を受けた中小企業者の依頼に応じて、その行う認定事業継続力強化又は認定連携事業継続力強化に関する情報の提供その他必要な協力の業務を行う。

　　　第三節　　雑則

（中小企業者の事業継続力強化への努力）

第五十九条　　中小企業者は、基本方針を勘案し、事業継続力強化に積極的に取り組むよう努めるものとする。

（中小企業者の事業継続力強化に資するための措置）

第六十条　　国、地方公共団体、親事業者、政府関係金融機関、商工会、商工会議所、中小企業団体中央会その他の者は、基本方針を勘案し、中小企業者の事業継続力強化に資するため、中小企業者の行う事業継続力強化に関する助言、研修、情報の提供その他の必要な措置を講ずるよう努めるものとする。

　　　第五章　　中小企業の新たな事業活動の促進のための基盤整備

第一節　　新技術を利用した事業活動の支援

（国等の特定補助金等の支出機会の増大の努力）

第六十一条　　国等は、特定補助金等を交付するに当たっては、予算の適正な使用に留意しつつ、特定補助金等の中小企業者及び事業を営んでいない個人（以下この節において単に「個人」という。）に対する支出の機会の増大を図るように努めなければならない。

（国の特定補助金等の交付の方針の作成等）

第六十二条　　国は、毎年度、特定補助金等の交付に関し、国等の当該年度の予算及び事務又は事業の予定等を勘案して、中小企業者及び個人に対する特定補助金等の支出の機会の増大を図るための支出の目標等の方針を作成するものとする。

2　　経済産業大臣は、あらかじめ各省各庁の長等と協議して前項の方針の案を作成し、閣議の決定を求めなければならない。

3　　経済産業大臣は、前項の規定による閣議の決定があったときは、遅滞なく、第一項の方針の要旨を公表しなければならない。

（国等の特定補助金等の支出の実績の概要の通知及び公表）

第六十三条　　各省各庁の長等は、毎会計年度又は毎事業年度の終了後、国等の特定補助金等の中小企業者及び個人への支出の実績の概要を経済産業大臣に通知するものとする。

2　　経済産業大臣は、前項の実績の概要の要旨を遅滞なく公表しなければならない。

（各省各庁の長等に対する要請）

第六十四条　　経済産業大臣及び中小企業者の行う事業の主務大臣は、当該事業を行う者を相手方とする特定補助金等の交付に関し、各省各庁の長等に対し、中小

企業者及び個人への支出の機会の増大を図るため特に必要があると認められる措置をとるべきことを要請することができる。

（中小企業信用保険法の特例）

第六十五条　新事業開拓保険の保険関係であって、特定新技術事業活動関連保証（中小企業信用保険法第三条の八第一項に規定する債務の保証であって、特定補助金等に係る成果を利用した事業活動に必要な資金に係るものをいう。以下この条において同じ。）を受けた中小企業者に係るものについての同項及び同法第三条の八第二項の規定の適用については、同条第一項中「二億円」とあるのは「三億円（中小企業等経営強化法第二条第十八項に規定する特定補助金等（以下「特定補助金等」という。）に係る成果を利用した事業活動に必要な資金以外の資金に係る債務の保証に係る保険関係については、二億円）」と、「四億円」とあるのは「六億円（特定補助金等に係る成果を利用した事業活動に必要な資金以外の資金に係る債務の保証に係る保険関係については、四億円）」と、同条第二項中「二億円」とあるのは「三億円（特定補助金等に係る成果を利用した事業活動に必要な資金以外の資金に係る債務の保証に係る保険関係については、二億円）」とする。

2　中小企業信用保険法第三条の二第一項の規定は、特定新技術事業活動関連保証であってその保証について担保（保証人（特定新技術事業活動関連保証を受けた法人たる中小企業者の代表者を除く。）の保証を含む。）を提供させないものについては、適用しない。

（中小企業投資育成株式会社法の特例）

第六十六条　中小企業投資育成株式会社は、中小企業投資育成株式会社法第五条第一項各号に掲げる事業のほか、次に掲げる事業を行うことができる。

一　特定中小企業者及び特定補助金等を交付された個人が特定補助金等の成果を利用した事業活動を実施するために資本金の額が三億円を超える株式会社を設立する際に発行する株式の引受け及び当該引受けに係る株式の保有

二　特定中小企業者のうち資本金の額が三億円を超える株式会社が特定補助金等

の成果を利用した事業活動を実施するために必要とする資金の調達を図るために発行する株式、新株予約権（新株予約権付社債に付されたものを除く。）又は新株予約権付社債等の引受け及び当該引受けに係る株式、新株予約権（その行使により発行され、又は移転された株式を含む。）又は新株予約権付社債等（新株予約権付社債等に付された新株予約権の行使により発行され、又は移転された株式を含む。）の保有

2　　前項第一号の規定による株式の引受け及び当該引受けに係る株式の保有並びに同項第二号の規定による株式、新株予約権（新株予約権付社債に付されたものを除く。）又は新株予約権付社債等の引受け及び当該引受けに係る株式、新株予約権（その行使により発行され、又は移転された株式を含む。）又は新株予約権付社債等（新株予約権付社債等に付された新株予約権の行使により発行され、又は移転された株式を含む。）の保有は、中小企業投資育成株式会社法の適用については、それぞれ同法第五条第一項第一号及び第二号の事業とみなす。

第二節　　地域産業資源を活用して行う事業環境の整備

（事業環境整備構想）

第六十七条　　都道府県又は指定都市（以下この節において「都道府県等」という。）は、基本方針に基づき、当該都道府県等の区域について、地域産業資源（技術、人材その他の地域に存在する産業資源をいう。）を活用して行う事業環境の整備に関する構想（以下この節において「事業環境整備構想」という。）を作成することができる。

2　　事業環境整備構想においては、第一号に掲げる事項について定めるとともに、必要に応じて第二号に掲げる事項について定めるものとする。
一　　新事業支援体制の整備に関し、新事業支援機関、次条第一項に規定する中核的支援機関及びこれらの相互の提携又は連絡に関する事項
二　　高度技術産学連携地域の区域及びその活用に関する事項

3　都道府県等は、事業環境整備構想を作成しようとするときは、国に対し、助言を求めることができる。

4　都道府県等は、事業環境整備構想を作成したときは、遅滞なく、これを公表しなければならない。

5　都道府県等が、第一項の規定により作成した事業環境整備構想を変更又は廃止するときは、前二項の規定を準用する。

（中核的支援機関の認定）

第六十八条　都道府県等は、当該都道府県等の区域において、新事業支援機関のうち政令で定める支援事業を行う者であって新事業支援体制の中心として適切かつ確実に機能すると認められるもの（以下この節において「中核的支援機関」という。）を、その申請により、一を限って認定することができる。

2　都道府県等は、前項の規定による認定をする際には、経済産業大臣に協議し、その同意を得なければならない。

3　経済産業大臣は、中核的支援機関が次の各号に該当するものであると認めるときは、同意をするものとする。
一　基本方針に適合するものであること。
二　第一項の政令で定める支援事業を円滑に行うため、基金の設置その他の措置により健全な経理的基礎を有すること。

4　都道府県等は、第一項の規定による認定をしたときは、中核的支援機関の名称、住所及び事務所の所在地を公表しなければならない。

5　中核的支援機関は、その名称、住所又は事務所の所在地を変更したときは、遅滞なく、その旨を都道府県等に届け出なければならない。

6　都道府県等は、前項の規定による届出があったときは、当該届出に係る事項を公表しなければならない。

（認定中核的支援機関の業務等）

第六十九条　前条第二項の規定による同意を得た同条第一項の認定に係る中核的支援機関（以下この節において「認定中核的支援機関」という。）は、その支援事業を適切かつ確実に実施しなければならない。

2　都道府県等は、認定中核的支援機関が前項の規定を遵守していないと認めるときは、当該事業の改善に関する命令、前条第一項の認定の取消しその他必要な措置をとることができる。

3　都道府県等は、前項の規定により認定を取り消したときは、その旨を公表しなければならない。

（情報処理推進機構の行う情報関連人材育成推進業務）

第七十条　情報処理推進機構は、新たな事業活動を促進するため、次に掲げる業務を行う。

一　情報処理に関して必要な知識及び技能の向上を図る事業であって、プログラムの作成又は電子計算機の利用に係る能力を開発し、向上させるものとして経済産業省令・厚生労働省令で定めるもの（以下この節において「情報関連人材育成事業」という。）を行う新事業支援機関に対する次のイ及びロの業務

イ　情報関連人材育成事業に必要な教材を開発し、及びその開発に係る教材を提供すること。

ロ　情報関連人材育成事業の実施に関し、指導及び助言を行うこと。

二　情報関連人材育成事業の円滑な実施に関し必要な調査を行い、及びその成果を普及すること。

三　前二号の業務に附帯する業務

2　前項の規定により情報処理推進機構が業務を行う場合には、情報処理促進法<u>第四十三条第二項</u>中「又は<u>第五十四条第一項</u>の信用基金に充てるため」とあるのは「、<u>第五十四条第一項</u>の信用基金に充てるため又は中小企業等経営強化法第七十条第一項第一号イに掲げる業務（以下「教材開発業務」という。）に必要な資金に充てるため」と、「又は<u>第五十四条第一項</u>の信用基金の」とあるのは「、<u>第五十四条第一項</u>の信用基金又は教材開発業務に必要な資金の」と、情報処理促進法<u>第五十五条第二項</u>中「並びに前条第一項の信用基金に係る出資」とあるのは「、前条第一項の信用基金に係る出資並びに教材開発業務に係る出資」と、情報処理促進法<u>第五十六条第一項</u>中「並びに<u>第五十四条第一項</u>の信用基金に係る各出資者」とあるのは「、<u>第五十四条第一項</u>の信用基金に係る各出資者並びに教材開発業務に係る各出資者」とする。

3　第一項の規定により情報処理推進機構が業務を行う場合には、情報処理促進法<u>第五十七条</u>の規定にかかわらず、独立行政法人通則法第十二条の二第一項第二号、第三号及び第六号、第十九条第六項及び第九項、第十九条の二、第二十五条の二（第一項を除く。）、第二十八条第一項、第二十八条の二第一項及び第三項、第二十九条第一項及び第三項、第三十条第一項及び第三項、第三十一条第一項、第三十二条（第三項を除く。）、第三十五条（第五項を除く。）、第三十五条の三、第三十八条第一項から第三項まで、第四十五条第一項ただし書及び第二項ただし書、第四十六条の二（第五項を除く。）、第六十四条第一項、第六十七条（同条第一号の場合及び同条第四号の場合（同法第三十条第一項又は第四十五条第一項ただし書若しくは第二項ただし書の規定による認可をしようとするときに限る。）に係るものに限る。）並びに第七十一条第一項第一号、第二号及び第六号の主務大臣は経済産業大臣（中小企業等経営強化法第七十条第一項に規定する業務（以下この項において「情報関連人材育成推進業務」という。）に係るものについては、経済産業大臣及び厚生労働大臣）とし、独立行政法人通則法第十九条第四項及び第六項第二号、第二十八条第二項、第三十条第一項及び第二項第八号、第三十一条第一項、第三十二条第二項、第三十八条、第三十九条第一項並びに第五十条の主務省令は経済産業省令（情報関連人材育成推進業務に係るものについては、経済産業省令・厚生労働省令）とする。

〔下線部：令和元年 12 月 6 日法律第 67 号、令和 2 年 6 月 5 日までに施行〕

（情報処理推進機構及び新事業支援機関に対する能力開発事業としての助成及び援助）

第七十一条　政府は、情報処理の業務に従事する労働者の能力の開発及び向上を図るため、情報処理推進機構（前条第一項に規定する業務を行う場合に限る。）及び情報関連人材育成事業を行う新事業支援機関に対して、雇用保険法第六十三条の能力開発事業として、必要な助成及び援助を行うことができる。

（中小企業基盤整備機構の行う高度技術産学連携地域整備業務）

第七十二条　中小企業基盤整備機構は、事業環境整備構想に定められた高度技術産学連携地域（以下「特定高度技術産学連携地域」という。）における高度技術に関する研究開発及びその企業化を促進するため、次に掲げる業務を行う。

一　特定高度技術産学連携地域において、工場（高度技術の研究開発又は利用に供するものに限る。以下この条において「工場」という。）、事業場（高度技術の研究開発又は利用に供するものに限る。以下「事業場」という。）又は当該工場若しくは当該事業場の利用者の利便に供する施設の整備並びにこれらの賃貸、譲渡及び管理を行うこと。

二　特定高度技術産学連携地域において、高度技術に関する研究開発及びその成果を活用した事業を行うための事業場として相当数の事業者に利用させるための施設の整備並びに賃貸及び管理の事業を行う者に対し、その事業に必要な資金の出資を行い、又は当該出資を受けて事業を行う者の委託を受けてその施設の整備並びに賃貸及び管理を行うこと。

2　中小企業基盤整備機構は、前項の業務のほか、独立行政法人中小企業基盤整備機構法（平成十四年法律第百四十七号）第十五条第一項の業務の遂行に支障のない範囲内で、委託を受けて、次に掲げる業務を行うことができる。

一　特定高度技術産学連携地域における工場若しくは事業場、当該工場若しくは当該事業場と併せて整備されるべき公共の用に供する施設又は当該工場若しくは当該事業場の利用者の利便に供する施設の整備並びにこれらの賃貸、譲渡及び管理

二　前号に掲げる業務に関連する技術的援助

第三節　　雑則

（中小企業等の経営強化のための基盤整備に必要な施策の総合的推進）
第七十三条　　国は、この章に定める措置のほか、中小企業等の経営強化を担う人
　　材の育成、中小企業等の有する知的財産の適切な保護その他中小企業等の経営強
　　化のための基盤整備に必要な施策を総合的に推進するよう努めるものとする。

第六章　　雑則

（地域経済への配慮）
第七十四条　　国は、中小企業等の経営強化のための施策を推進するに当たって
　　は、地域経済の健全な発展に配慮するよう努めるものとする。

（資金の確保）
第七十五条　　国は、認定社外高度人材活用新事業分野開拓事業に必要な資金の確
　　保に努めるものとする。

2　　国及び都道府県は、承認経営革新事業に必要な資金の確保に努めるものとす
　　る。

3　　国は、認定異分野連携新事業分野開拓事業に必要な資金の確保に努めるもの
　　とする。

4　　国は、認定経営力向上事業に必要な資金の確保に努めるものとする。

5　　国は、認定事業継続力強化又は認定連携事業継続力強化に必要な資金の確保
　　に努めるものとする。

（調査、指導及び助言）

第七十六条　主務大臣は、認定社外高度人材活用新事業分野開拓事業を行う新規中小企業者等について、その社外高度人材活用新事業分野開拓の状況を把握するための調査を行うものとする。

2　行政庁は、承認経営革新事業を行う中小企業者について、その経営の向上の状況を把握するための調査を行うものとする。

3　主務大臣は、認定異分野連携新事業分野開拓事業を行う中小企業者について、その新事業分野開拓の状況を把握するための調査を行うものとする。

4　主務大臣は、認定経営力向上事業を行う中小企業者等について、その経営の向上の状況を把握するための調査を行うものとする。

5　経済産業大臣は、認定事業再編投資組合について、その事業再編投資の状況を把握するための調査を行うものとする。

6　経済産業大臣は、認定事業継続力強化又は認定連携事業継続力強化を行う中小企業者について、その事業継続力強化又は連携事業継続力強化の状況を把握するための調査を行うものとする。

7　国は、認定社外高度人材活用新事業分野開拓事業、認定異分野連携新事業分野開拓事業、認定経営力向上事業、認定事業再編投資計画に従って行われる事業再編投資、認定事業継続力強化又は認定連携事業継続力強化の適確な実施に必要な指導及び助言を行うものとする。

8　国及び都道府県は、承認経営革新事業の適確な実施に必要な指導及び助言を行うものとする。

（報告の徴収）
第七十七条　主務大臣は、認定社外高度人材活用新事業分野開拓事業を行う者に

対し、認定社外高度人材活用新事業分野開拓計画の実施状況について報告を求めることができる。

2　行政庁は承認経営革新事業を行う者に対し、主務大臣は認定異分野連携新事業分野開拓事業を行う者又は認定経営力向上事業を行う者に対し、それぞれ、承認経営革新計画又は認定異分野連携新事業分野開拓計画若しくは認定経営力向上計画の実施状況について報告を求めることができる。

3　経済産業大臣は、認定事業再編投資組合に対し、認定事業再編投資計画の実施状況について報告を求めることができる。

4　主務大臣は、認定経営革新等支援機関又は認定事業分野別経営力向上推進機関に対し、経済産業大臣は、認定情報処理支援機関に対し、それぞれ、経営革新等支援業務若しくは事業分野別経営力向上推進業務又は情報処理支援業務の実施状況について報告を求めることができる。

5　経済産業大臣は、認定事業継続力強化を行う者又は認定連携事業継続力強化を行う者に対し、認定事業継続力強化計画又は認定連携事業継続力強化計画の実施状況について報告を求めることができる。

（所管行政庁等）

第七十八条　この法律における行政庁は、次の各号に掲げる経営革新計画の区分に応じ、当該各号に定める都道府県知事又は大臣とする。

一　第二条第一項第一号から第七号までに掲げる者（第三号において「個別中小企業者」という。）が単独で作成した経営革新計画　当該作成した者の主たる事務所の所在地を区域に含む都道府県の知事

二　第二条第一項第八号に掲げる者であってその定款に地区が定められているもの（次号において「地区組合」という。）のうちその地区が一の都道府県の区域を超えないものが単独で作成した経営革新計画　当該都道府県の知事

三　中小企業者及び組合等が共同で作成した経営革新計画であって、その代表者

　が個別中小企業者又は次のイ若しくはロに掲げる者からなり、かつ、当該個別中小企業者の主たる事務所の所在地をその区域に含む都道府県又は次のイ若しくはロに掲げる者に係る都道府県が同一であるもの　当該都道府県の知事

　イ　　その地区が一の都道府県の区域を超えない地区組合

　ロ　　その行う事業が一の都道府県の区域内に限られる第二条第六項に規定する一般社団法人

四　　前三号に掲げる経営革新計画以外のもの　経済産業大臣及び当該経営革新計画に従って行われる経営革新のための事業を所管する大臣

2　都道府県知事は、第十四条第一項又は第十五条第一項の規定による承認をしたときは、当該承認に係る経営革新計画を、経済産業省令で定めるところにより、経済産業大臣に通知するものとする。

（主務大臣）

第七十九条　第三条第一項、第三項及び第四項における主務大臣は、基本方針のうち、同条第二項第一号イに掲げる事項のうち第二条第三項第一号及び第二号に掲げる創業者に係る部分については経済産業大臣、総務大臣、厚生労働大臣、農林水産大臣及び国土交通大臣、第三条第二項第二号ハ(1)及びニ(4)に掲げる事項のうち労働者の知識及び技能の向上に係る部分並びに同項第四号ロ(1)に掲げる事項のうち労働者の知識及び技能の向上を図る支援事業を行う新事業支援機関に係る部分については経済産業大臣及び厚生労働大臣とし、その他の部分については経済産業大臣とする。

2　第八条第一項及び第三項（第九条第三項において準用する場合を含む。）、第九条第一項及び第二項、第七十六条第一項並びに第七十七条第一項における主務大臣は、経済産業大臣及び認定社外高度人材活用新事業分野開拓事業を所管する大臣とする。

3　第十六条第一項及び第三項（第十七条第四項において準用する場合を含む。）、第十七条第一項から第三項まで、第七十六条第三項並びに第七十七条第

二項（認定異分野連携新事業分野開拓計画の実施状況に係るものに限る。）における主務大臣は、経済産業大臣及び認定異分野連携新事業分野開拓事業を所管する大臣とする。

4 第十八条（第二項を除く。）における主務大臣は、事業分野別指針に係る事業分野に属する事業を所管する大臣とする。

5 第十九条第一項、第五項（第二十条第四項において準用する場合を含む。）、第六項及び第七項（第二十条第四項において準用する場合を含む。）、第二十条第一項から第三項まで、第二十一条、第二十九条第二項及び第三項、第七十六条第四項並びに第七十七条第二項（認定経営力向上計画の実施状況に係るものに限る。）における主務大臣は、認定経営力向上事業を所管する大臣とする。

6 第三十二条第一項、第三項及び第四項、第三十四条第二項において準用する第三十二条第一項及び第三項、第三十五条から第三十七条まで並びに第七十七条第四項（経営革新等支援業務の実施状況に係るものに限る。）における主務大臣は、経済産業大臣及び内閣総理大臣とする。

7 第四十条第一項、第三項及び第四項、第四十三条において準用する第三十四条第二項において準用する第三十二条第一項及び第三項、第四十三条において準用する第三十五条及び第三十七条、第四十三条において読み替えて準用する第三十六条並びに第七十七条第四項（事業分野別経営力向上推進業務の実施状況に係るものに限る。）における主務大臣は、事業分野別経営力向上推進業務に係る事業を所管する大臣とする。

8 第八条第一項、第九条第一項及び第十三条における主務省令は、第二項に規定する主務大臣が共同で発する命令とする。

9 第十六条第一項並びに第十七条第一項及び第二項における主務省令は、第三

項に規定する主務大臣が共同で発する命令とする。

10　第二条第十二項第八号、第十九条第一項、第二十条第一項及び第二十九条第三項における主務省令は、第五項に規定する主務大臣が共同で発する命令とする。

11　第三十二条第一項、第三項及び第四項、第三十三条第三号、第三十四条第二項において準用する第三十二条第一項及び第三項並びに第三十三条第三号並びに第三十五条における主務省令は、第六項に規定する主務大臣が共同で発する命令とする。

12　第四十条第一項、第三項及び第四項、第四十三条において読み替えて準用する第三十三条第三号、第四十三条において準用する第三十四条第二項において準用する第三十二条第一項及び第三項並びに第三十三条第三号並びに第四十三条において準用する第三十五条における主務省令は、第七項に規定する主務大臣が共同で発する命令とする。

13　内閣総理大臣は、この法律による権限（金融庁の所掌に係るものに限り、政令で定めるものを除く。）を金融庁長官に委任する。

　（都道府県が処理する事務）
第八十条　この法律に規定する経済産業大臣の権限に属する事務の一部は、政令で定めるところにより、都道府県知事が行うこととすることができる。

　（権限の委任）
第八十一条　この法律による行政庁（都道府県の知事を除く。）及び主務大臣の権限は、政令で定めるところにより、地方支分部局の長に行わせることができる。

2　金融庁長官は、政令で定めるところにより、第七十九条第十三項の規定によ

り委任された権限の一部を財務局長又は財務支局長に委任することができる。

第七章　　罰則

第八十二条　　第七十七条の規定による報告をせず、又は虚偽の報告をした者は、三十万円以下の罰金に処する。

2　　法人の代表者又は法人若しくは人の代理人、使用人その他の従業者が、その法人又は人の業務に関し、前項の違反行為をしたときは、行為者を罰するほか、その法人又は人に対して同項の刑を科する。

附　則　抄

（施行期日）
第一条　　この法律は、公布の日から起算して六月を超えない範囲内において政令で定める日から施行する。

（中小企業近代化促進法等の廃止）
第二条　　次に掲げる法律は、廃止する。
一　　中小企業近代化促進法（昭和三十八年法律第六十四号）
二　　特定中小企業者の新分野進出等による経済の構造的変化への適応の円滑化に関する臨時措置法（平成五年法律第九十三号）

（中小企業近代化促進法等の廃止に伴う経過措置）
第三条　　前条の規定による廃止前の中小企業近代化促進法第四条第一項又は第二項の承認を受けた特定商工組合等に関する計画の変更の承認及び取消し並びに報告の徴収については、なお従前の例による。この場合において、同法第十七条第四項中「審議会」とあるのは、「中小企業政策審議会」とする。

2　　前条の規定による廃止前の特定中小企業者の新分野進出等による経済の構造

的変化への適応の円滑化に関する臨時措置法第三条第一項又は第七条第一項の承認を受けた者に関する計画の変更の承認及び取消し並びに報告の徴収、同法第四条第二項に規定する承認新分野進出等計画に従って事業を行う者（同法第五条第一項に規定する特例中小企業者を除く。）又は同法第八条第一項に規定する承認事業開始計画に従って事業を行う者に関する新分野進出等関連保証、海外事業関連保証又は新分野事業関連保証についての中小企業信用保険法の特例及び報告の徴収並びに同法第五条第一項に規定する特例中小企業者に関する中小企業近代化資金等助成法による貸付金の償還期間の延長、中小企業信用保険法第三条第一項、第三条の二第一項又は第三条の三第一項に規定する債務の保証、海外事業関連保証又は新分野事業関連保証についての中小企業信用保険法の特例及び報告の徴収については、なお従前の例による。

（独立行政法人中小企業基盤整備機構法の特例）

第四条　中小企業基盤整備機構は、独立行政法人中小企業基盤整備機構法附則第五条第一項の政令で定める日までの間、同項第一号から第三号まで及び同条第二項の規定により管理を行っている工場用地、産業業務施設用地又は業務用地について、次に掲げる者の事業の用に供するために管理及び譲渡の業務を行うことができる。

一　創業者及び新規中小企業者、第八条第一項の承認を受けた中小企業者及び組合等並びに認定中小企業者

二　特定高度技術産学連携地域において、高度技術に関する研究開発及びその成果を活用した事業を行うための事業場として相当数の事業者に利用させるための施設の整備並びに賃貸及び管理の事業を行う者

2　中小企業基盤整備機構は、前項の業務を行おうとする場合において、当該工場用地又は産業業務施設用地が独立行政法人中小企業基盤整備機構法附則第五条第二項の規定による委託に係るものであるときは、あらかじめ、その委託をしている者の同意を得なければならない。

（罰則に関する経過措置）

第五条　この法律の施行前にした行為及び附則第三条の規定により従前の例によ
ることとされる報告の徴収に係る行為に対する罰則の適用については、なお従前
の例による。

　　附　則（平成一一・一二・三法一四六）抄

（施行期日）
第一条　この法律は、公布の日から施行する。〔後略〕

（罰則に関する経過措置）
第十四条　この法律（附則第一条ただし書に規定する規定については、当該規
定。以下この条において同じ。）の施行前にした行為及びこの附則の規定により
なお従前の例によることとされる場合におけるこの法律の施行後にした行為に対
する罰則の適用については、なお従前の例による。

（政令への委任）
第十五条　附則第二条から前条までに定めるもののほか、この法律の施行に関し
て必要となる経過措置は、政令で定める。

　　中央省庁等改革関係法施行法（平成一一・一二・二二法一六〇）抄

（処分、申請等に関する経過措置）
第千三百一条　中央省庁等改革関係法及びこの法律（以下「改革関係法等」と総
称する。）の施行前に法令の規定により従前の国の機関がした免許、許可、認
可、承認、指定その他の処分又は通知その他の行為は、法令に別段の定めがある
もののほか、改革関係法等の施行後は、改革関係法等の施行後の法令の相当規定
に基づいて、相当の国の機関がした免許、許可、認可、承認、指定その他の処分
又は通知その他の行為とみなす。

2　改革関係法等の施行の際現に法令の規定により従前の国の機関に対してされ

ている申請、届出その他の行為は、法令に別段の定めがあるもののほか、改革関係法等の施行後は、改革関係法等の施行後の法令の相当規定に基づいて、相当の国の機関に対してされた申請、届出その他の行為とみなす。

3　改革関係法等の施行前に法令の規定により従前の国の機関に対し報告、届出、提出その他の手続をしなければならないとされている事項で、改革関係法等の施行の日前にその手続がされていないものについては、法令に別段の定めがあるもののほか、改革関係法等の施行後は、これを、改革関係法等の施行後の法令の相当規定により相当の国の機関に対して報告、届出、提出その他の手続をしなければならないとされた事項についてその手続がされていないものとみなして、改革関係法等の施行後の法令の規定を適用する。

（従前の例による処分等に関する経過措置）

第千三百二条　なお従前の例によることとする法令の規定により、従前の国の機関がすべき免許、許可、認可、承認、指定その他の処分若しくは通知その他の行為又は従前の国の機関に対してすべき申請、届出その他の行為については、法令に別段の定めがあるもののほか、改革関係法等の施行後は、改革関係法等の施行後の法令の規定に基づくその任務及び所掌事務の区分に応じ、それぞれ、相当の国の機関がすべきものとし、又は相当の国の機関に対してすべきものとする。

（罰則に関する経過措置）

第千三百三条　改革関係法等の施行前にした行為に対する罰則の適用については、なお従前の例による。

（命令の効力に関する経過措置）

第千三百四条　改革関係法等の施行前に法令の規定により発せられた国家行政組織法の一部を改正する法律による改正前の国家行政組織法（昭和二十三年法律第百二十号。次項において「旧国家行政組織法」という。）第十二条第一項の総理府令又は省令は、法令に別段の定めがあるもののほか、改革関係法等の施行後は、改革関係法等の施行後の法令の相当規定に基づいて発せられた相当の内閣府

設置法第七条第三項の内閣府令又は国家行政組織法の一部を改正する法律による改正後の国家行政組織法（次項及び次条第一項において「新国家行政組織法」という。）第十二条第一項の省令としての効力を有するものとする。

2　改革関係法等の施行前に法令の規定により発せられた旧国家行政組織法第十三条第一項の特別の命令は、法令に別段の定めがあるもののほか、改革関係法等の施行後は、改革関係法等の施行後の法令の相当規定に基づいて発せられた相当の内閣府設置法第五十八条第四項（組織関係整備法第六条の規定による改正後の宮内庁法（昭和二十二年法律第七十号）第十八条第一項において準用する場合を含む。）の特別の命令又は新国家行政組織法第十三条第一項の特別の命令としての効力を有するものとする。

3　改革関係法等の施行の際現に効力を有する金融再生委員会規則で、第百六十六条の規定による改正後の金融機能の再生のための緊急措置に関する法律又は第百六十八条の規定による改正後の金融機能の早期健全化のための緊急措置に関する法律の規定により内閣府令で定めるべき事項を定めているものは、改革関係法等の施行後は、内閣府令としての効力を有するものとする。

（内閣府等の組織に関する中央省庁等改革推進本部令）
第千三百五条　中央省庁等改革推進本部は、改革関係法等の施行前において、改革関係法等の施行後の内閣府、総務省、法務省、外務省、財務省、文部科学省、厚生労働省、農林水産省、経済産業省、国土交通省及び環境省の組織に関する事項で内閣府設置法第七条第三項の内閣府令又は新国家行政組織法第十二条第一項の省令で定めるべきものを、それぞれ、中央省庁等改革推進本部令で定めることができる。

2　前項の中央省庁等改革推進本部令は、中央省庁等改革推進本部の定めるところにより、改革関係法等の施行の時に、それぞれ、その時に発せられた前項に規定する事項を定めた相当の内閣府令又は省令となるものとする。

（守秘義務に関する経過措置）

第千三百七条　　改革関係法等の施行後は、改革関係法等の施行前の労働基準法第
百五条（同法第百条の二第三項において準用する場合を含む。）、私的独占の禁
止及び公正取引の確保に関する法律第三十九条、地方自治法第二百五十条の九第
十三項（同法第二百五十一条第五項において準用する場合を含む。）、船員法第
百九条、国営企業労働関係法（昭和二十三年法律第二百五十七号）第二十六条第
五項、運輸省設置法（昭和二十四年法律第百五十七号）第十五条、労働組合法第
二十三条、電波法第九十九条の四において準用する国家公務員法第百条第一項、
警察法第十条第一項において準用する国家公務員法第百条第一項、原子力委員会
及び原子力安全委員会設置法（昭和三十年法律第百八十八号）第十条（同法第二
十二条において準用する場合を含む。）、特許法第二百条、実用新案法第六十条、
意匠法第七十三条、地価公示法第十八条第一項、公害等調整委員会設置法第十一
条第一項（同法第十八条第五項において準用する場合を含む。）、公害健康被害
の補償等に関する法律第百二十三条第一項、航空事故調査委員会設置法第十条第
一項、国会等の移転に関する法律（平成四年法律第百九号）第十五条第八項、衆
議院議員選挙区画定審議会設置法（平成六年法律第三号）第六条第七項、金融再
生委員会設置法第二十八条において準用する同法第十一条第一項又は同法第三十
八条第一項において準用する同法第十一条第一項に規定する従前の国の機関の委
員その他の職員であった者（以下この条において「旧委員等」という。）は、そ
れぞれ、改革関係法等の施行後のこれらの規定（改革関係法等の施行後にあって
は、改革関係法等の施行前の労働基準法第百条の二第三項において準用する同法
第百五条の規定については改革関係法等の施行後の同法第百条第三項において準
用する同法第百五条の規定とし、改革関係法等の施行前の運輸省設置法第十五条
の規定については改革関係法等の施行後の国土交通省設置法第二十一条第一項の
規定とし、改革関係法等の施行前の金融再生委員会設置法第二十八条において準
用する同法第十一条第一項の規定については改革関係法等の施行後の金融庁設置
法（平成十年法律第百三十号）第十六条第一項の規定とし、改革関係法等の施行
前の金融再生委員会設置法第三十八条第一項において準用する同法第十一条第一
項の規定については改革関係法等の施行後の金融庁設置法附則第十五条において
準用する同法第十六条第一項の規定とする。以下この項において同じ。）

に規定する国の機関の委員その他の職員（以下この条において「新委員等」とい
う。）であったものと、改革関係法等の施行前のこれらの規定に規定する旧委員
等に係るその職務上又はその職務に関して知ることができた秘密は、それぞれ、
改革関係法等の施行後のこれらの規定に規定する新委員等に係るその職務上又は
その職務に関して知ることができた秘密とみなして、改革関係法等の施行後のこ
れらの法律を適用する。

2　　改革関係法等の施行前の科学技術会議設置法（昭和三十四年法律第四号）第
十条第一項、宇宙開発委員会設置法（昭和四十三年法律第四十号）第九条第一項
又は金融再生委員会設置法第十一条第一項に規定する従前の国の機関の委員その
他の職員であった者に係るその職務上知ることができた秘密を漏らしてはならな
い義務については、改革関係法等の施行後も、なお従前の例による。

3　　改革関係法等の施行前の臨時金利調整法第十二条に規定する金利調整審議会
の委員又は同審議会の書記であった者が、金利調整審議会の議事に関して知得し
た秘密に関し、改革関係法等の施行後にした行為に対する罰則の適用について
は、なお従前の例による。

4　　改革関係法等の施行後は、改革関係法等の施行前の消防法第三十五条の三の
二第二項において準用する同法第三十四条第二項において準用する同法第四条第
六項に規定する従前の消防庁の職員に係る検査又は質問を行った場合に知り得た
関係者の秘密は、改革関係法等の施行後の同項に規定する消防庁の職員に係る検
査又は質問を行った場合に知り得た関係者の秘密とみなして、同項の規定を適用
する。

5　　改革関係法等の施行後は、改革関係法等の施行前の職業安定法第五十一条の
二に規定する従前の公共職業安定所の業務に従事する者であった者は、改革関係
法等の施行後の職業安定法第五十一条の二に規定する公共職業安定所の業務に従
事する者であった者と、改革関係法等の施行前の職業安定法第五十一条の二に規
定する従前の公共職業安定所の業務に従事する者であった者に係るその業務に関

して知り得た同条に規定する情報は、改革関係法等の施行後の職業安定法第五十一条の二に規定する公共職業安定所の業務に従事する者であった者に係るその業務に関して知り得た同条に規定する情報とみなして、同条の規定を適用する。

（職務上の義務違反に関する経過措置）

第千三百八条　　改革関係法等の施行後は、改革関係法等の施行前の地方自治法第二百五十条の九第十一項（同法第二百五十一条第五項において準用する場合を含む。）、建設業法第二十五条の五第二項（同法第二十五条の七第三項において準用する場合を含む。）、犯罪者予防更生法第八条第二項、運輸省設置法第十一条、労働組合法第十九条の七第二項（同法第十九条の十三第四項において準用する場合を含む。）、社会保険医療協議会法第三条第八項、公職選挙法第五条の二第四項、電波法第九十九条の八、ユネスコ活動に関する法律第十一条第一項、公安審査委員会設置法（昭和二十七年法律第二百四十二号）第七条、自治省設置法（昭和二十七年法律第二百六十一号）第八条第一項、社会保険審査官及び社会保険審査会法第二十四条、警察法第九条第二項、原子力委員会及び原子力安全委員会設置法第七条第二項（同法第二十二条において準用する場合を含む。）、労働保険審査官及び労働保険審査会法第三十条、地価公示法第十五条第八項、公害等調整委員会設置法第九条、公害健康被害の補償等に関する法律第百十六条、航空事故調査委員会設置法第八条第二項、国会等の移転に関する法律第十五条第七項、衆議院議員選挙区画定審議会設置法第六条第六項、金融再生委員会設置法第二十八条において準用する同法第九条又は同法第三十八条第一項において準用する同法第九条に規定する従前の国の機関の委員その他の職員であった者（以下この条において「旧委員等」という。）が改革関係法等の施行前に行った旧委員等としての職務上の義務違反その他旧委員等たるに適しない非行は、それぞれ、改革関係法等の施行後のこれらの規定（改革関係法等の施行後にあっては、改革関係法等の施行前の自治省設置法第八条第一項の規定については改革関係法等の施行後の総務省設置法第十四条の規定とし、改革関係法等の施行前の運輸省設置法第十一条の規定については改革関係法等の施行後の国土交通省設置法第二十条の規定とし、改革関係法等の施行前の金融再生委員会設置法第二十八条において準用する同法第九条の規定については改革関係法等の施行後の金融庁設置法第十四

条の規定とし、改革関係法等の施行前の金融再生委員会設置法第三十八条において準用する同法第九条の規定については改革関係法等の施行後の金融庁設置法附則第十五条において準用する同法第十四条の規定とする。）に規定する国の機関の委員その他の職員（以下この条において「新委員等」という。）として行った職務上の義務違反その他新委員等たるに適しない非行とみなして、改革関係法等の施行後のこれらの法律を適用する。

（地方自治法第百五十六条第四項の適用の特例）

第千三百九条 改革関係法等の施行後の内閣府、総務省、法務省、外務省、財務省、文部科学省、厚生労働省、農林水産省、経済産業省、国土交通省又は環境省の第百七十三条の規定による改正後の地方自治法（次項において「新地方自治法」という。）第百五十六条第五項に規定する機関以外の同条第四項に規定する国の地方行政機関（地方厚生局及び地方厚生支局並びに地方整備局を除く。）であって、改革関係法等の施行の際従前の総理府、法務省、外務省、大蔵省、文部省、厚生省、農林水産省、通商産業省、運輸省、郵政省、労働省、建設省又は自治省の相当の機関（以下この項において「相当の旧機関」という。）の位置と同一の位置に設けられ、かつ、その相当の旧機関の管轄区域以外の区域を管轄しないものについては、同条第四項の規定は、適用しない。

2 地方厚生局又は地方厚生支局であって、改革関係法等の施行の際従前の厚生省の地方医務局（地方厚生支局にあっては、従前の厚生省の地方医務支局とする。以下この項において同じ。）の位置と同一の位置に設けられ、かつ、従前の厚生省の地方医務局の管轄区域以外の区域を管轄しないものについては、新地方自治法第百五十六条第四項の規定は、適用しない。

（審判官の除斥に関する経過措置）

第千三百三十八条 審判官が改革関係法等の施行前に従前の審査官として査定に関与した事件は、改革関係法等の施行後の特許法第百三十九条第六号（同法、実用新案法、意匠法、商標法その他の法令において準用する場合を含む。）の規定の適用については、改革関係法等の施行後に審査官として査定に関与した事件と

みなす。

（政令への委任）

第千三百四十四条　　第七十一条から第七十六条まで及び第千三百一条から前条ま
　で並びに中央省庁等改革関係法に定めるもののほか、改革関係法等の施行に関し
　必要な経過措置（罰則に関する経過措置を含む。）は、政令で定める。

　　附　　則

（施行期日）

第一条　　この法律（第二条及び第三条を除く。）は、平成十三年一月六日から施
　行する。ただし、次の各号に掲げる規定は、当該各号に定める日から施行する。
　一　　〔前略〕第千三百五条〔中略〕及び第千三百四十四条の規定　公布の日
　二　　〔省略〕

　　附　　則（平成一一・一二・二二法二二二）抄

（施行期日）

第一条　　この法律は、公布の日から起算して二月を超えない範囲内において政令
　で定める日から施行する。〔平成一二年政令第三八号で同年二月一七日から施
　行〕ただし、次の各号に掲げる規定は、当該各号に定める日から施行する。
　一・二　　〔省略〕
　三　　〔前略〕附則第三十二条中中小企業経営革新支援法（平成十一年法律第十八
　　号）第七条、第十二条及び附則第三条の改正規定〔中略〕　平成十二年四月一日

　　　商法等の一部を改正する法律の施行に伴う関係法律の整備に関する法律（平成
　一三・一一・二八法一二九）抄

（中小企業経営革新支援法の一部改正に伴う経過措置）

第百三十六条　　商法等の一部を改正する法律附則第七条第一項の規定によりなお

従前の例によることとされた転換社債又は新株引受権付社債についての前条の規定による改正前の中小企業経営革新支援法第八条の規定による中小企業投資育成株式会社の事業に関しては、この法律の施行後も、なお従前の例による。

附　則

（施行期日）

1　　この法律は、平成十四年四月一日から施行する。〔後略〕

（罰則の適用に関する経過措置）

2　　この法律の施行前にした行為及びこの法律の規定により従前の例によることとされる場合におけるこの法律の施行後にした行為に対する罰則の適用については、なお従前の例による。

附　則（平成一三・一二・七法一四六）抄

（施行期日）

第一条　　この法律は、公布の日から起算して二月を超えない範囲内において政令で定める日から施行する。〔平成一三年政令第四〇一号で同年一二月一七日から施行〕

附　則（平成一四・七・三法七九）抄

（施行期日）

第一条　　この法律は、平成十四年八月一日から施行する。〔後略〕

附　則（平成一四・一一・二二法一〇九）抄

（施行期日）

第一条　　この法律は、公布の日から起算して二月を超えない範囲内において政令で定める日から施行する。〔平成一四年政令第三七四号で同年一二月一六日から施行〕〔後略〕

　　附　則（平成一六・三・三一法一四）抄

（施行期日）
第一条　　この法律は、平成十六年四月一日から施行する。〔後略〕

（その他の経過措置の政令への委任）
第八十二条　　この附則に規定するもののほか、この法律の施行に関し必要な経過措置は、政令で定める。

　　附　則（平成一六・六・九法八八）抄

（施行期日）
第一条　　この法律は、公布の日から起算して五年を超えない範囲内において政令で定める日（以下「施行日」という。）から施行する。〔平成二〇年政令第三五〇号で同二一年一月五日から施行〕〔後略〕

（罰則の適用に関する経過措置）
第百三十五条　　この法律の施行前にした行為並びにこの附則の規定によりなお従前の例によることとされる場合及びなおその効力を有することとされる場合におけるこの法律の施行後にした行為に対する罰則の適用については、なお従前の例による。

（その他の経過措置の政令への委任）
第百三十六条　　この附則に規定するもののほか、この法律の施行に関し必要な経過措置は、政令で定める。

（検討）

第百三十七条　　政府は、この法律の施行後五年を経過した場合において、この法律による改正後の規定の実施状況、社会経済情勢の変化等を勘案し、この法律による改正後の株式等の取引に係る決済制度について検討を加え、必要があると認めるときは、その結果に基づいて所要の措置を講ずるものとする。

　　　附　則（平成一七・四・一三法三〇）抄

（施行期日）

第一条　　この法律は、平成十七年四月十三日又は公布の日のいずれか遅い日〔平成一七年四月一三日〕から施行する。

（旧法の規定による承認を受けた経営革新計画）

第二条　　この法律による改正前の中小企業経営革新支援法（以下「旧法」という。）第四条第一項の規定により行政庁の承認を受けた経営革新計画（旧法第五条第一項の規定による変更の承認があったときは、その変更後のもの）は、この法律による改正後の中小企業の新たな事業活動の促進に関する法律（以下「新法」という。）第九条第一項の規定により行政庁の承認を受けた経営革新計画とみなす。

（旧法の規定による承認を受けた経営基盤強化計画）

第三条　　旧法第十条第一項の規定により主務大臣の承認を受けた経営基盤強化計画（旧法第十一条第一項の規定による変更の承認があったときは、その変更後のもの）は、新法第十六条第一項の規定により主務大臣の承認を受けた経営基盤強化計画とみなす。

（罰則に関する経過措置）

第十八条　　この法律の施行前にした行為並びに附則第五条第四項及び第十二条第四項の規定によりなお従前の例によることとされる場合におけるこの法律の施行後にした行為に対する罰則の適用については、なお従前の例による。

（政令への委任）

第十九条　　この附則に規定するもののほか、この法律の施行に伴い必要な経過措置は、政令で定める。

　　　会社法の施行に伴う関係法律の整備等に関する法律（平成一七・七・二六法八七）抄

（中小企業の新たな事業活動の促進に関する法律の一部改正に伴う経過措置）

第四百四十八条　　この法律の施行の際現に存する前条の規定による改正前の中小企業の新たな事業活動の促進に関する法律第三条の十九第一項各号又は同条第二項各号に掲げる事由により解散する旨の定款の定め（第四百五十六条の規定による改正前の中小企業経営革新支援法の一部を改正する法律（平成十七年法律第三十号）附則第十条の規定により定款の変更があったものとみなされたものを含む。）については、会社法第四百六十六条の規定にかかわらず、取締役会設置会社にあっては取締役会の決議、取締役会設置会社でない会社にあっては取締役の過半数の決定により、その定めを廃止する定款の変更をすることができる。

（罰則に関する経過措置）

第五百二十七条　　施行日前にした行為及びこの法律の規定によりなお従前の例によることとされる場合における施行日以後にした行為に対する罰則の適用については、なお従前の例による。

（政令への委任）

第五百二十八条　　この法律に定めるもののほか、この法律の規定による法律の廃止又は改正に伴い必要な経過措置は、政令で定める。

　　　附　　則

　　この法律は、会社法の施行の日〔平成一八年五月一日〕から施行する。ただ

し、次の各号に掲げる規定は、当該各号に定める日から施行する。

一　第二百四十二条の規定　この法律の公布の日

二　〔省略〕

二の二　〔省略〕

　　　一般社団法人及び一般財団法人に関する法律及び公益社団法人及び公益財団法人の認定等に関する法律の施行に伴う関係法律の整備等に関する法律（平成一八・六・二法五〇）抄

（罰則に関する経過措置）

第四百五十七条　施行日前にした行為及びこの法律の規定によりなお従前の例によることとされる場合における施行日以後にした行為に対する罰則の適用については、なお従前の例による。

（政令への委任）

第四百五十八条　この法律に定めるもののほか、この法律の規定による法律の廃止又は改正に伴い必要な経過措置は、政令で定める。

　　　附　則

　この法律は、一般社団・財団法人法の施行の日〔平成二〇年一二月一日〕から施行する。〔後略〕

　　　附　則（平成一九・三・三〇法六）抄

（施行期日）

第一条　この法律は、平成十九年四月一日から施行する。〔後略〕

（罰則に関する経過措置）

第百五十七条　この法律（附則第一条各号に掲げる規定にあっては、当該規定。

以下この条において同じ。）の施行前にした行為及びこの附則の規定によりなお従前の例によることとされる場合におけるこの法律の施行後にした行為に対する罰則の適用については、なお従前の例による。

（その他の経過措置の政令への委任）

第百五十八条　　この附則に規定するもののほか、この法律の施行に関し必要な経過措置は、政令で定める。

　　附　則（平成一九・六・一法七〇）抄

（施行期日）

第一条　　この法律は、公布の日から起算して三月を超えない範囲内において政令で定める日から施行する。〔平成一九年政令第二四一号で同年八月四日から施行〕〔後略〕

　　附　則（平成二〇・四・三〇法二三）抄

（施行期日）

第一条　　この法律は、平成二十年四月一日から施行する。ただし、次の各号に掲げる規定は、当該各号に定める日から施行する。

一　　〔省略〕

二　　〔省略〕

三　　〔省略〕

三の二　　　〔省略〕

四　　〔省略〕

五　　〔省略〕

六　　〔省略〕

七　　〔前略〕附則〔中略〕第百九条の規定　中小企業者と農林漁業者との連携による事業活動の促進に関する法律（平成二十年法律第三十八号）の施行の日〔平成二〇年七月二日〕

八　　〔省略〕

九　　〔省略〕

86

（罰則に関する経過措置）

第百十九条　　この法律（附則第一条各号に掲げる規定にあっては、当該規定。以
　下この条において同じ。）の施行前にした行為及びこの附則の規定によりなお従
　前の例によることとされる場合におけるこの法律の施行後にした行為に対する罰
　則の適用については、なお従前の例による。

（この法律の公布の日が平成二十年四月一日後となる場合における経過措置）

第百十九条の二　　この法律の公布の日が平成二十年四月一日後となる場合におけ
　るこの法律による改正後のそれぞれの法律の規定の適用に関し必要な事項（この
　附則の規定の読替えを含む。）その他のこの法律の円滑な施行に関し必要な経過
　措置は、政令で定める。

（その他の経過措置の政令への委任）

第百二十条　　この附則に規定するもののほか、この法律の施行に関し必要な経過
　措置は、政令で定める。

　　　附　則（平成二三・八・三〇法一〇五）抄

（施行期日）

第一条　　この法律は、公布の日から施行する。〔後略〕

（罰則に関する経過措置）

第八十一条　　この法律（附則第一条各号に掲げる規定にあっては、当該規定。以
　下この条において同じ。）の施行前にした行為及びこの附則の規定によりなお従
　前の例によることとされる場合におけるこの法律の施行後にした行為に対する罰
　則の適用については、なお従前の例による。

（政令への委任）

第八十二条　　この附則に規定するもののほか、この法律の施行に関し必要な経過
　措置（罰則に関する経過措置を含む。）は、政令で定める。

　　附　　則（平成二三・一二・二法一一四）抄

（施行期日）

第一条　　この法律は、公布の日から施行する。ただし、次の各号に掲げる規定
　は、当該各号に定める日から施行する。

一　　〔省略〕

二　　削除

三　　次に掲げる規定　平成二十四年四月一日

　イ　　〔省略〕

　ロ　　〔省略〕

　ハ　　〔前略〕附則〔中略〕第九十八条〔中略〕の規定

　ニ　　〔省略〕

　ホ　　〔省略〕

四　　削除

五　　〔省略〕

六　　〔省略〕

七　　〔省略〕

八　　〔省略〕

（罰則に関する経過措置）

第百四条　　この法律（附則第一条各号に掲げる規定にあっては、当該規定。以下
　この条において同じ。）の施行前にした行為及びこの附則の規定によりなお従前
　の例によることとされる場合におけるこの法律の施行後にした行為に対する罰則
　の適用については、なお従前の例による。

（この法律の公布の日が平成二十三年四月一日後となる場合における経過措置）

第百四条の二　　この法律の公布の日が平成二十三年四月一日後となる場合におけ
　るこの法律による改正後のそれぞれの法律の規定の適用に関し必要な事項（この
　附則の規定の読替えを含む。）その他のこの法律の円滑な施行に関し必要な経過

措置は、政令で定める。

（その他の経過措置の政令への委任）

第百五条　　この附則に規定するもののほか、この法律の施行に関し必要な経過措置は、政令で定める。

（納税環境の整備に向けた検討）

第百六条　　政府は、国税に関する納税者の利益の保護に資するとともに、税務行政の適正かつ円滑な運営を確保する観点から、納税環境の整備に向け、引き続き検討を行うものとする。

　　　附　則（平成二四・六・二七法四四）抄

（施行期日）

第一条　　この法律は、公布の日から起算して三月を超えない範囲内において政令で定める日から施行する。〔平成二四年政令第二一八号で同年八月三〇日から施行〕

（経営革新計画及び異分野連携新事業分野開拓計画に関する経過措置）

第二条　　第一条の規定による改正後の中小企業の新たな事業活動の促進に関する法律（以下この条において「新新事業促進法」という。）第十三条第二項、第十五条及び第十六条の規定は、この法律の施行後に新新事業促進法第九条第一項の承認（新新事業促進法第十条第一項の変更の承認を含む。）を受けた新新事業促進法第九条第一項に規定する経営革新計画に従って行われる新新事業促進法第二条第六項に規定する経営革新のための事業について適用する。

２　　新新事業促進法第十三条第五項、第十五条及び第十六条の規定は、この法律の施行後に新新事業促進法第十一条第一項の認定（新新事業促進法第十二条第一項の変更の認定を含む。）を受けた新新事業促進法第十一条第一項に規定する異分野連携新事業分野開拓計画に従って行われる新新事業促進法第二条第八項に規定する異分野連携新事業分野開拓に係る事業について適用する。

（検討）

第五条　　政府は、この法律の施行後五年を目途として、この法律による改正後の規定の実施状況を勘案し、必要があると認めるときは、当該規定について検討を加え、その結果に基づいて必要な措置を講ずるものとする。

　　　附　　則（平成二五・六・二一法五七）抄

（施行期日）

第一条　　この法律は、〔中略〕ただし、次の各号に掲げる規定は、当該各号に定める日から施行する。

一　　〔省略〕

二　　〔前略〕附則〔中略〕第十二条、第十三条、〔中略〕第二十五条〔中略〕の規定　平成二十七年三月三十一日

（中小企業の新たな事業活動の促進に関する法律の一部改正に伴う経過措置）

第十三条　　前条の規定による改正前の中小企業の新たな事業活動の促進に関する法律第三十一条の規定の適用を受けた同法第三十条第一項の認定中核的支援機関であって旧貸与機関の地位を兼ねるものにおけるその出資金額又は拠出された金額に係る要件については、なお従前の例による。

　　　附　　則（平成二六・四・一一法一九）抄

（施行期日）

第一条　　この法律は、公布の日から起算して十月を超えない範囲内において政令で定める日から施行する。〔平成二六年政令第三一一号で同年一〇月一日から施行〕〔後略〕

（中小企業の新たな事業活動の促進に関する法律の一部改正に伴う経過措置）

第六条　　この法律の施行前に独立行政法人日本貿易保険が前条の規定による改正前の中小企業の新たな事業活動の促進に関する法律（以下この条において「旧新

事業促進法」という。）第十六条第一項（次条の規定による改正前の沖縄振興特別措置法（平成十四年法律第十四号）第六十六条第五項の規定により読み替えて適用する場合を含む。以下この条において同じ。）の規定によりこの法律による改正前の貿易保険法第二条第十七項に規定する海外事業資金貸付（以下この条並びに附則第九条及び第十一条において「旧海外事業資金貸付」という。）とみなされた旧新事業促進法第十六条第一項に規定する海外経営革新資金貸付又は同条第三項の規定により旧海外事業資金貸付とみなされた同項に規定する海外異分野連携新事業分野開拓資金貸付について引き受けた海外事業資金貸付保険及びこの法律の施行前に成立したその海外事業資金貸付保険の再保険の保険関係については、なお従前の例による。

附　則（平成二六・六・一三法六七）抄

（施行期日）

第一条　この法律は、独立行政法人通則法の一部を改正する法律（平成二十六年法律第六十六号。以下「通則法改正法」という。）の施行の日〔平成二七年四月一日〕から施行する。ただし、次の各号に掲げる規定は、当該各号に定める日から施行する。

一　附則〔中略〕第三十条の規定　公布の日

二　〔省略〕

（課税の特例）

第二十七条　新通則法第一条第一項に規定する個別法及び新通則法第四条第二項の規定によりその名称中に国立研究開発法人という文字を使用するものとされた新通則法第二条第一項に規定する独立行政法人が当該名称の変更に伴い受ける名義人の名称の変更の登記又は登録については、登録免許税を課さない。

（処分等の効力）

第二十八条　この法律の施行前にこの法律による改正前のそれぞれの法律（これに基づく命令を含む。）の規定によってした又はすべき処分、手続その他の行為

であってこの法律による改正後のそれぞれの法律（これに基づく命令を含む。以下この条において「新法令」という。）に相当の規定があるものは、法律（これに基づく政令を含む。）に別段の定めのあるものを除き、新法令の相当の規定によってした又はすべき処分、手続その他の行為とみなす。

（罰則に関する経過措置）

第二十九条　この法律の施行前にした行為及びこの附則の規定によりなおその効力を有することとされる場合におけるこの法律の施行後にした行為に対する罰則の適用については、なお従前の例による。

（その他の経過措置の政令等への委任）

第三十条　附則第三条から前条までに定めるもののほか、この法律の施行に関し必要な経過措置（罰則に関する経過措置を含む。）は、政令（人事院の所掌する事項については、人事院規則）で定める。

　　　附　則（平成二七・五・二七法二九）抄

（施行期日）

第一条　この法律は、〔中略〕ただし、〔中略〕附則〔中略〕第十二条〔中略〕の規定は、公布の日から起算して一年を超えない範囲内において政令で定める日から施行する。〔平成二七年政令第二九二号で同年一〇月一日から施行〕

　　　附　則（平成二七・六・二六法五〇）抄

（施行期日）

第一条　この法律は、〔中略〕ただし、次の各号に掲げる規定は、当該各号に定める日から施行する。

一　　〔前略〕附則〔中略〕第六条から第八条までの規定　公布の日

二　　〔省略〕

三　　〔省略〕

四　〔前略〕第十五条〔中略〕の規定　公布の日から起算して二年を超えない範囲内において政令で定める日〔平成二八年政令第七〇号で同年四月一日から施行〕

五　〔省略〕

（処分、申請等に関する経過措置）

第六条　この法律（附則第一条各号に掲げる規定については、当該各規定。以下この条及び次条において同じ。）の施行前にこの法律による改正前のそれぞれの法律の規定によりされた許可等の処分その他の行為（以下この項において「処分等の行為」という。）又はこの法律の施行の際現にこの法律による改正前のそれぞれの法律の規定によりされている許可等の申請その他の行為（以下この項において「申請等の行為」という。）で、この法律の施行の日においてこれらの行為に係る行政事務を行うべき者が異なることとなるものは、附則第二条から前条までの規定又は附則第八条の規定に基づく政令の規定に定めるものを除き、この法律の施行の日以後におけるこの法律による改正後のそれぞれの法律の適用については、この法律による改正後のそれぞれの法律の相当規定によりされた処分等の行為又は申請等の行為とみなす。

2　この法律の施行前にこの法律による改正前のそれぞれの法律の規定により国又は地方公共団体の機関に対し報告、届出、提出その他の手続をしなければならない事項で、この法律の施行の日前にその手続がされていないものについては、附則第二条から前条までの規定又は附則第八条の規定に基づく政令の規定に定めるもののほか、これを、この法律による改正後のそれぞれの法律の相当規定により国又は地方公共団体の相当の機関に対して報告、届出、提出その他の手続をしなければならない事項についてその手続がされていないものとみなして、この法律による改正後のそれぞれの法律の規定を適用する。

（罰則に関する経過措置）

第七条　この法律の施行前にした行為に対する罰則の適用については、なお従前の例による。

（政令への委任）

第八条　　附則第二条から前条までに規定するもののほか、この法律の施行に関し
必要な経過措置（罰則に関する経過措置を含む。）は、政令で定める。

　　　附　　則（平成二八・四・二二法三一）抄

（施行期日）

第一条　　この法律は、公布の日から起算して六月を超えない範囲内において政令
で定める日から施行する。〔平成二八年政令第三二九号で同年一〇月二一日から
施行〕〔後略〕

　　　附　　則（平成二八・六・三法五八）抄

（施行期日）

第一条　　この法律は、公布の日から起算して三月を超えない範囲内において政令
で定める日から施行する。〔平成二八年政令第二四七号で同年七月一日から施
行〕ただし、附則第十六条の規定は、公布の日から施行する。

（経過措置）

第二条　　この法律の施行前にこの法律による改正前の中小企業の新たな事業活動
の促進に関する法律（以下この条において「旧法」という。）第十七条第一項の
規定によりされた認定若しくは旧法第十八条の規定によりされた命令又はこの法
律の施行の際現に旧法第十七条第三項の規定によりされている認定の申請は、そ
れぞれこの法律による改正後の中小企業等経営強化法（以下この条において「新
法」という。）第二十一条第一項の規定によりされた認定若しくは新法第二十二
条の規定によりされた命令又は新法第二十一条第三項の規定によりされている認
定の申請とみなす。

　　（サイバーセキュリティ基本法及び情報処理の促進に関する法律の一部を改正す
る法律の一部改正に伴う調整規定）

第十三条　　サイバーセキュリティ基本法及び情報処理の促進に関する法律の一部を改正する法律の施行の日が施行日前である場合には、前条の規定は、適用しない。

（罰則に関する経過措置）

第十五条　　この法律の施行前にした行為に対する罰則の適用については、なお従前の例による。

（政令への委任）

第十六条　　この附則に規定するもののほか、この法律の施行に関し必要な経過措置は、政令で定める。

　　　附　則（平成三〇・五・二三法二六）抄

（施行期日）

第一条　　この法律は、公布の日から起算して六月を超えない範囲内において政令で定める日から施行する。〔平成三〇年政令第一九八号で同年七月九日から施行〕ただし、次の各号に掲げる規定は、当該各号に定める日から施行する。

一　　附則第十七条の規定　公布の日

二　　〔省略〕

（見直し）

第二条　　政府は、この法律の施行後三年を目途として、経済社会情勢の変化を勘案しつつ、この法律による改正後の規定の施行の状況について検討を加え、その結果に基づいて必要な措置を講ずるものとする。

（中小企業等経営強化法の一部改正に伴う経過措置）

第十四条　　第三条の規定による改正前の中小企業等経営強化法（以下この条において「旧中小強化法」という。）第十三条第一項の認定（旧中小強化法第十四条第一項の変更の認定を含む。）を受けた経営力向上計画は、第三条の規定による

改正後の中小企業等経営強化法（次項及び第三項において「新中小強化法」という。）第十三条第一項の認定を受けた経営力向上計画とみなす。

2　　この法律の施行の際現に旧中小強化法第二十一条第一項の認定を受けている者の当該認定に係る施行後最初の更新については、新中小強化法第二十八条第一項中「五年ごと」とあるのは、「産業競争力強化法等の一部を改正する法律（平成三十年法律第二十六号）の施行の日から起算して五年を経過する日までの間において政令で定める期間を経過する日まで」とする。

3　　この法律の施行の際現に旧中小強化法第二十一条第一項又は第二十六条第一項の認定を受けている者に対する新中小強化法第三十一条（新中小強化法第三十七条において準用する場合を含む。）の規定による認定の取消しに関しては、この法律の施行前に生じた事由については、なお従前の例による。

（罰則に関する経過措置）

第十六条　　この法律（附則第一条第二号に掲げる規定にあっては、当該規定。以下この条において同じ。）の施行前にした行為並びにこの附則の規定によりなお従前の例によることとされる場合及びなおその効力を有することとされる場合におけるこの法律の施行後にした行為に対する罰則の適用については、なお従前の例による。

（その他の経過措置の政令への委任）

第十七条　　この附則に規定するもののほか、この法律の施行に伴い必要な経過措置（罰則に関する経過措置を含む。）は、政令で定める。

　　附　　則　（平成三〇・六・二二法六二）抄

（施行期日）

第一条　　この法律は、公布の日から起算して六月を超えない範囲内において政令で定める日から施行する。〔平成三〇年政令第二九二号で同年一〇月二二日から

施行〕ただし、次の各号に掲げる規定は、当該各号に定める日から施行する。

一　〔前略〕附則〔中略〕第三十二条の規定　公布の日

二　〔省略〕

三　〔省略〕

（中心市街地の活性化に関する法律等の一部改正に伴う経過措置）

第二十八条　附則第七条第一項の規定により新食品等流通法第十六条第一項の規定による指定を受けたものとみなされた旧機構は、新食品等流通法第十七条各号に掲げる業務及び旧債務保証業務等のほか、次の各号に掲げる規定により施行日前に旧機構が締結した債務保証契約に係る当該各号に定める規定に掲げる業務及びこれに附帯する業務（以下この条において「旧特例債務保証業務等」という。）を行うものとする。この場合において、旧特例債務保証業務等は、新食品等流通法の適用については、新食品等流通法第十七条第一号に掲げる業務及びこれに附帯する業務とみなす。

一　附則第十九条の規定による改正前の中心市街地の活性化に関する法律第五十四条（第一号に係る部分に限る。）　同号

二　附則第二十条の規定による改正前の中小企業等経営強化法第二十二条第一項（第一号に係る部分に限る。）　同号

三　附則第二十二条の規定による改正前の流通業務の総合化及び効率化の促進に関する法律第二十条第一項（第一号に係る部分に限る。）　同号

四　附則第二十三条の規定による改正前の中小企業による地域産業資源を活用した事業活動の促進に関する法律第十二条第一項（第一号に係る部分に限る。）　同号

五　附則第二十四条の規定による改正前の地域経済牽引事業の促進による地域の成長発展の基盤強化に関する法律第二十条第一項（第一号に係る部分に限る。）　同号

六　附則第二十五条の規定による改正前の中小企業者と農林漁業者との連携による事業活動の促進に関する法律第十条第一項（第一号に係る部分に限る。）　同号

七　附則第二十六条の規定による改正前の米穀の新用途への利用の促進に関する

法律第十一条第一項（第一号に係る部分に限る。）　同号

八　前条の規定による改正前の地域資源を活用した農林漁業者等による新事業の創出等及び地域の農林水産物の利用促進に関する法律第十五条第一項（第一号に係る部分に限る。）　同号

（中小企業等経営強化法の一部改正に伴う調整規定）

第二十九条　施行日が産業競争力強化法等の一部を改正する法律（平成三十年法律第二十六号）の施行の日前である場合には、附則第二十条中「第二十二条の」とあるのは「第二十条の」と、「第二十二条第一項第一号」とあるのは「第二十条第一項第一号」と、「第二十二条第一項各号」とあるのは「第二十条第一項各号」と、「第二十二条第二項」とあるのは「第二十条第二項」と、前条第二号中「第二十二条第一項」とあるのは「第二十条第一項」とする。

2　前項の場合において、産業競争力強化法等の一部を改正する法律第三条のうち中小企業等経営強化法第二十条第二項の表第十三条第一項の項及び第十四条第一項の項の改正規定中「第十三条第一項の項及び第十四条第一項の項」とあるのは「第十八条第一項の項及び第十九条第一項の項」と、同表第十八条第一項、第十九条及び第二十条第一項第一号の項の改正規定中「第十八条第一項、第十九条及び第二十条第一項第一号の項」とあるのは「第二十三条第一項、第二十四条及び第二十五条第一項第一号の項」と、同表第二十条第一項第四号の項、第二十一条第一号の項、第二十三条第一号の項及び第二十三条第二号の項の改正規定中「第二十条第一項第四号の項、第二十一条第一号の項、第二十三条第一号の項及び第二十三条第二号の項」とあるのは「第三十二条第二号の項及び第三十二条第三号の項」とする。

（罰則に関する経過措置）

第三十一条　この法律の施行前にした行為及びこの附則の規定によりなお従前の例によることとされる場合におけるこの法律の施行後にした行為に対する罰則の適用については、なお従前の例による。

（政令への委任）

第三十二条　　この附則に定めるもののほか、この法律の施行に関し必要な経過措
　　置（罰則に関する経過措置を含む。）は、政令で定める。

　　　附　則（令和元・六・五法二一）抄

（施行期日）

第一条　　この法律は、公布の日から起算して六月を超えない範囲内において政令
　　で定める日から施行する。〔令和元年政令第五七号で同年七月一六日から施行〕
　　ただし、次の各号に掲げる規定は、当該各号に定める日から施行する。
　一　　附則第七条の規定　公布の日
　二　　〔省略〕

（罰則に関する経過措置）

第六条　　この法律の施行前にした行為及びこの附則の規定によりなお従前の例に
　　よることとされる場合におけるこの法律の施行後にした行為に対する罰則の適用
　　については、なお従前の例による。

（その他の経過措置の政令への委任）

第七条　　この附則に規定するもののほか、この法律の施行に伴い必要な経過措置
　　（罰則に関する経過措置を含む。）は、政令で定める。

（検討）

第八条　　政府は、この法律の施行後五年を目途として、この法律による改正後の
　　規定の実施状況を勘案し、必要があると認めるときは、当該規定について検討を
　　加え、その結果に基づいて必要な措置を講ずるものとする。

　　　附　則（令和元・一二・六法六七）抄

（施行期日）

第一条　　この法律は、公布の日から起算して六月を超えない範囲内において政令で定める日から施行する。

中小企業等経営強化法施行令

（平成11年6月23日政令第201号）

中小企業経営革新支援法施行令をここに公布する。

　内閣は、中小企業経営革新支援法（平成十一年法律第十八号）第二条第一項第三号及び第六号並びに第二項、第六条第四項、第七条、第十条第一項並びに第十九条の規定に基づき、この政令を制定する。

（中小企業者の範囲）

第一条　中小企業等経営強化法（平成十一年法律第十八号。以下「法」という。）第二条第一項第五号に規定する政令で定める業種並びにその業種ごとの資本金の額又は出資の総額及び常時使用する従業員の数は、次の表のとおりとする。

	業種	資本金の額又は出資の総額	常時使用する従業員の数
一	ゴム製品製造業（自動車又は航空機用タイヤ及びチューブ製造業並びに工業用ベルト製造業を除く。）	三億円	九百人
二	ソフトウェア業又は情報処理サービス業	三億円	三百人
三	旅館業	五千万円	二百人

2　法第二条第一項第八号の政令で定める組合及び連合会は、次のとおりとする。

一　事業協同組合及び事業協同小組合並びに協同組合連合会

二　水産加工業協同組合及び水産加工業協同組合連合会

三　商工組合及び商工組合連合会

四　商店街振興組合及び商店街振興組合連合会

五　生活衛生同業組合、生活衛生同業小組合及び生活衛生同業組合連合会であって、その直接又は間接の構成員の三分の二以上が五千万円（卸売業を主たる事業とする事業者については、一億円）以下の金額をその資本金の額若しくは出資の総額とする法人又は常時五十人（卸売業又はサービス業を主たる事業とする事業者については、百人）以下の従業員を使用する者であるもの

六　酒造組合、酒造組合連合会及び酒造組合中央会であって、その直接又は間接の構成員たる酒類製造業者の三分の二以上が三億円以下の金額をその資本金の額若しくは出資の総額とする法人又は常時三百人以下の従業員を使用する者であるもの並びに酒販組合、酒販組合連合会及び酒販組合中央会であって、その直接又は間接の構成員たる酒類販売業者の三分の二以上が五千万円（酒類卸売業者については、一億円）以下の金額をその資本金の額若しくは出資の総額とする法人又は常時五十人（酒類卸売業者については、百人）以下の従業員を使用する者であるもの

七　内航海運組合及び内航海運組合連合会であって、その直接又は間接の構成員たる内航海運事業を営む者の三分の二以上が三億円以下の金額をその資本金の額若しくは出資の総額とする法人又は常時三百人以下の従業員を使用する者であるもの

八　技術研究組合であって、その直接又は間接の構成員の三分の二以上が法第二条第一項第一号から第七号までに規定する中小企業者であるもの

（中小企業者等の範囲）

第二条　法第二条第二項第三号の政令で定める資本金の額又は出資の総額は、十億円とする。

2　法第二条第二項第三号の政令で定める法人は、次のとおりとする。

一　医業を主たる事業とする法人

二　歯科医業を主たる事業とする法人

3　法第二条第二項第四号の政令で定める常時使用する従業員の数は、二千人とする。

4　法第二条第二項第四号の政令で定める法人は、次のとおりとする。

一　医業を主たる事業とする法人

二　歯科医業を主たる事業とする法人

三　社会福祉法（昭和二十六年法律第四十五号）第二十二条に規定する社会福祉法人（前二号に掲げる法人を除く。）

四　特定非営利活動促進法（平成十年法律第七号）第二条第二項に規定する特定非営利活動法人（第一号及び第二号に掲げる法人を除く。）

（新規中小企業者に係る要件）

第三条　法第二条第四項第三号の政令で定める費用は、新たな技術若しくは新たな経営組織の採用、市場の開拓又は新たな事業の開始のために特別に支出される費用とする。

2　法第二条第四項第三号の政令で定める収入金額は、法人にあっては総収入金額から固定資産又は法人税法（昭和四十年法律第三十四号）第二条第二十一号に規定する有価証券の譲渡による収入金額を控除した金額とし、個人にあっては事業所得に係る総収入金額とする。

（一般社団法人の要件）

第四条　法第二条第六項の政令で定める要件は、当該一般社団法人の直接又は間接の構成員の三分の二以上が同条第一項に規定する中小企業者であることとする。

（特定独立行政法人等の範囲）

第五条　法第二条第十七項の政令で定める法人は、次のとおりとする。

一　国立研究開発法人日本医療研究開発機構、国立研究開発法人情報通信研究機構、国立研究開発法人科学技術振興機構、国立研究開発法人医薬基盤・健康・栄養研究所、国立研究開発法人農業・食品産業技術総合研究機構、国立研究開発法人新エネルギー・産業技術総合開発機構、独立行政法人情報処理推進機構、独立行政法人石油天然ガス・金属鉱物資源機構、独立行政法人中小企業基盤整備機構及び独立行政法人鉄道建設・運輸施設整備支援機構

二　日本商工会議所、全国中小企業団体中央会及び全国商工会連合会

（創業等関連保証に係る中小企業信用保険法の特例）

第六条　法第四条第三項の政令で指定する無担保保険の保険関係は、中小企業信用保険法（昭和二十五年法律第二百六十四号）第三条の二第一項に規定する債務の保証（同法以外の法律に規定するもの並びに同法第十二条に規定する経営安定関連保証及び同法第十五条に規定する危機関連保証を除く。）に係る保険関係、産業競争力強化法（平成二十五年法律第九十八号）第百二十九条第一項に規定する創業関連保証に係る保険関係及び法第四条第一項に規定する創業等関連保証に係る保険関係とし、同条第三項の政令で定める限度額は、八千万円とする。

第七条　法第四条第四項の政令で定める率は、保証をした借入れの期間（中小企業信用保険法施行令（昭和二十五年政令第三百五十号）第二条第一項に規定する借入れの期間をいう。以下同じ。）一年につき、〇・四パーセント（手形割引等特殊保証（同項に規定する手形割引等特殊保証をいう。以下同じ。）及び当座貸越し特殊保証（同項に規定する当座貸越し特殊保証をいう。以下同じ。）の場合は、〇・三四パーセント）とする。

（社外高度人材活用新事業分野開拓関連保証に係る保険料率）

第八条　法第十条第五項の政令で定める率は、保証をした借入れの期間一年につき、中小企業信用保険法第三条第一項に規定する普通保険（以下「普通保険」という。）及び同法第三条の二第一項に規定する無担保保険（以下「無担保保険」

という。）にあっては〇・四一パーセント（手形割引等特殊保証及び当座貸越し特殊保証の場合は、〇・三五パーセント）、同法第三条の三第一項に規定する特別小口保険（以下「特別小口保険」という。）にあっては〇・一九パーセント（手形割引等特殊保証及び当座貸越し特殊保証の場合は、〇・一五パーセント）とする。

（経営力向上計画に係る特定許認可等）

第九条　法第十九条第四項の政令で定める許認可等（以下この条において「特定許認可等」という。）は、次のとおりとする。

一　　旅館業法（昭和二十三年法律第百三十八号）第三条第一項の許可

二　　建設業法（昭和二十四年法律第百号）第三条第一項の許可

三　　火薬類取締法（昭和二十五年法律第百四十九号）第三条又は第五条の許可

四　　道路運送法（昭和二十六年法律第百八十三号）第四条第一項の許可

五　　ガス事業法（昭和二十九年法律第五十一号）第三十五条の許可

六　　貨物自動車運送事業法（平成元年法律第八十三号）第三条の許可

2　　特定許認可等に係る行政庁は、当該特定許認可等をする根拠となる規定の趣旨を考慮して、法第十九条第六項の同意のために必要な書類を定めることができる。

3　　法第十九条第一項の認定の申請を行う者が前項の規定により行政庁が書類を定めた特定許認可等に基づく地位を当該申請に係る経営力向上計画に記載する場合には、当該申請書には、当該書類を添付しなければならない。

4　　主務大臣は、法第十九条第六項の規定により特定許認可等をした行政庁に協議する場合においては、前項の規定により添付された書類を当該行政庁に送付するものとする。

（経営革新関連保証及び異分野連携新事業分野開拓関連保証並びに経営力向上関連保証に係る保険料率）

第十条　法第二十四条第十一項の政令で定める率は、保証をした借入れの期間一年につき、普通保険及び無担保保険にあっては〇・四一パーセント（手形割引等特殊保証及び当座貸越し特殊保証の場合は、〇・三五パーセント）、特別小口保険にあっては〇・一九パーセント（手形割引等特殊保証及び当座貸越し特殊保証の場合は、〇・一五パーセント）、中小企業信用保険法第三条の四第一項に規定する流動資産担保保険にあっては〇・二九パーセントとする。

（事業継続力強化関連保証及び連携事業継続力強化関連保証に係る保険料率）

第十一条　法第五十四条第五項及び第五十五条第五項の政令で定める率は、保証をした借入れの期間一年につき、普通保険及び無担保保険にあっては〇・四一パーセント（手形割引等特殊保証及び当座貸越し特殊保証の場合は、〇・三五パーセント）、特別小口保険にあっては〇・一九パーセント（手形割引等特殊保証及び当座貸越し特殊保証の場合は、〇・一五パーセント）とする。

（中核的支援機関の支援事業）

第十二条　法第六十八条第一項の政令で定める支援事業は、次のとおりとする。

一　高度技術の研究開発又はその成果の活用に関する調査研究を行い、及び新たな事業活動を行う者に対して必要な情報を提供すること。

二　新たな事業活動を行う者又はその従業員に対し、高度技術の研究開発又はその成果の活用に関する研修又は指導を行うこと。

三　新たな事業活動を行う者に対し、高度技術の研究開発若しくはその成果の活用のために必要な資金に係る債務の保証又は当該資金の貸付け若しくはそのあっせんを行うこと。

四　高度技術の研究開発及びその成果を活用した新たな事業活動を行う者に対し、当該研究開発に必要な資金に充てるための助成金を交付すること。

（都道府県が処理する事務）

第十三条　法第七条に規定する経済産業大臣の権限に属する事務は、特定新規中小企業者の主たる事務所の所在地を管轄する都道府県知事が行うこととする。

（権限の委任）

第十四条　法第八条第一項、第九条第一項及び第二項、第七十六条第一項並びに第七十七条第一項の規定による主務大臣の権限（経済産業大臣に属するものに限る。）は、社外高度人材活用新事業分野開拓計画を作成した新規中小企業者等の主たる事務所の所在地を管轄する経済産業局長に委任されるものとする。

2　法第八条第一項、第九条第一項及び第二項、第七十六条第一項並びに第七十七条第一項の規定による主務大臣の権限（経済産業大臣に属するものを除く。）のうち、次の各号に掲げるものは、当該各号に定める者に委任されるものとする。

一　社外高度人材活用新事業分野開拓計画であって当該社外高度人材活用新事業分野開拓計画に従って行われる社外高度人材活用新事業分野開拓に係る事業（行政書士業務（行政書士法（昭和二十六年法律第四号）第一条の二第一項及び第一条の三第一項に規定する業務並びに同法第十三条の六第一号の総務省令で定める業務をいう。以下同じ。）に係るものを除く。）の全部又は一部が総務大臣の所管に属するものに関する総務大臣の権限　当該社外高度人材活用新事業分野開拓計画を作成した新規中小企業者等の主たる事務所の所在地を管轄する総合通信局長（沖縄総合通信事務所長を含む。以下同じ。）

二　社外高度人材活用新事業分野開拓計画であって当該社外高度人材活用新事業分野開拓計画に従って行われる社外高度人材活用新事業分野開拓に係る事業の全部又は一部が財務大臣の所管に属するものに関する財務大臣の権限（国税庁の所掌に係るものに限る。）　当該社外高度人材活用新事業分野開拓計画を作成した新規中小企業者等の主たる事務所の所在地を管轄する国税局長（沖縄国税事務所長を含む。以下同じ。）

三　社外高度人材活用新事業分野開拓計画であって当該社外高度人材活用新事業分野開拓計画に従って行われる社外高度人材活用新事業分野開拓に係る事業の全部又は一部が農林水産大臣の所管に属するものに関する農林水産大臣の権限　当該社外高度人材活用新事業分野開拓計画を作成した新規中小企業者等の主たる事務所の所在地を管轄する地方農政局長又は北海道農政事務所長

四　社外高度人材活用新事業分野開拓計画であって当該社外高度人材活用新事業

分野開拓計画に従って行われる社外高度人材活用新事業分野開拓に係る事業の全部又は一部が国土交通大臣の所管に属するものに関する国土交通大臣の権限　当該社外高度人材活用新事業分野開拓計画を作成した新規中小企業者等の主たる事務所の所在地を管轄する地方整備局長、北海道開発局長又は地方運輸局長（国土交通省設置法（平成十一年法律第百号）第四条第一項第十五号、第十八号、第八十六号、第八十七号、第九十二号、第九十三号及び第百二十八号に掲げる事務並びに同項第八十六号に掲げる事務に係る同項第十九号及び第二十二号に掲げる事務（次条第二項第十号において「海事に関する事務」という。）に係る権限については、運輸監理部長を含む。以下同じ。）

五　社外高度人材活用新事業分野開拓計画であって当該社外高度人材活用新事業分野開拓計画に従って行われる社外高度人材活用新事業分野開拓に係る事業（第一種動物取扱業（動物の愛護及び管理に関する法律（昭和四十八年法律第百五号）第十条第一項に規定する第一種動物取扱業をいう。以下同じ。）及び第二種動物取扱業（同法第二十四条の二の二に規定する第二種動物取扱業をいう。以下同じ。）に係るものを除く。）の全部又は一部が環境大臣の所管に属するものに関する環境大臣の権限　当該社外高度人材活用新事業分野開拓計画を作成した新規中小企業者等の主たる事務所の所在地を管轄する地方環境事務所長

〔下線部：令和元年11月7日政令第152号、令和2年6月1日施行〕

第十五条　法第十四条第一項、第十五条第一項及び第二項、第七十六条第二項並びに第七十七条第二項の規定による行政庁の権限（経済産業大臣に属するものに限る。）のうち、次の各号に掲げるものは、当該各号に定める者に委任されるものとする。

一　法第二条第一項第八号に掲げる者（全国を地区とするものを除く。）が単独で作成した経営革新計画に関する権限　当該作成した者の主たる事務所の所在地を管轄する経済産業局長

二　中小企業者等が共同で作成した経営革新計画であって、その代表者が個別中小企業者又は次のイ若しくはロに掲げる者からなり、かつ、当該個別中小企業者の主たる事務所の所在地をその管轄区域に含む経済産業局又は次のイ若しくはロに掲げる者に係る経済産業局が同一であるものに関する権限　当該経済産業局長

　　イ　　その地区が一の経済産業局の管轄区域を超えない地区組合

　　ロ　　その行う事業が一の経済産業局の管轄区域内に限られる法第二条第六項に

　　　　規定する一般社団法人

2　　法第十四条第一項、第十五条第一項及び第二項、第七十六条第二項並びに第

　　七十七条第二項の規定による行政庁の権限（都道府県の知事及び経済産業大臣に

　　属するものを除く。）のうち、次の各号に掲げるものは、当該各号に定める者に

　　委任されるものとする。

一　　法第二条第一項第八号に掲げる者（全国を地区とするものを除く。）が単独

　　で作成した経営革新計画であって当該経営革新計画に従って行われる経営革新の

　　ための事業の全部又は一部が総務大臣の所管に属するものに関する総務大臣の権

　　限　当該作成した者の主たる事務所の所在地を管轄する総合通信局長

二　　中小企業者及び組合等が共同で作成した経営革新計画であって当該経営革新

　　計画に従って行われる経営革新のための事業（行政書士業務に係るものを除

　　く。）の全部又は一部が総務大臣の所管に属するもののうち、その代表者が個別

　　中小企業者又は次のイ若しくはロに掲げる者からなり、かつ、当該個別中小企業

　　者の主たる事務所の所在地をその管轄区域に含む総合通信局（沖縄総合通信事務

　　所を含む。以下この号において同じ。）又は次のイ若しくはロに掲げる者に係る

　　総合通信局が同一であるものに関する総務大臣の権限　当該総合通信局長

　　イ　　その地区が一の総合通信局の管轄区域を超えない地区組合

　　ロ　　その行う事業が一の総合通信局の管轄区域内に限られる法第二条第六項に

　　　　規定する一般社団法人

三　　法第二条第一項第八号に掲げる者（全国を地区とするものを除く。）が単独

　　で作成した経営革新計画であって当該経営革新計画に従って行われる経営革新の

　　ための事業の全部又は一部が財務大臣の所管に属するものに関する財務大臣の権

　　限（国税庁の所掌に係るものに限る。）　当該作成した者の主たる事務所の所在

　　地を管轄する国税局長

四　　中小企業者及び組合等が共同で作成した経営革新計画であって当該経営革新

　　計画に従って行われる経営革新のための事業の全部又は一部が財務大臣の所管に

　　属するもののうち、その代表者が個別中小企業者又は次のイ若しくはロに掲げる

者からなり、かつ、当該個別中小企業者の主たる事務所の所在地をその管轄区域に含む国税局（沖縄国税事務所を含む。以下この号において同じ。）又は次のイ若しくはロに掲げる者に係る国税局が同一であるものに関する財務大臣の権限（国税庁の所掌に係るものに限る。）　当該国税局長

イ　その地区が一の国税局の管轄区域を超えない地区組合

ロ　その行う事業が一の国税局の管轄区域内に限られる法第二条第六項に規定する一般社団法人

五　法第二条第一項第八号に掲げる者（全国を地区とするものを除く。）が単独で作成した経営革新計画であって当該経営革新計画に従って行われる経営革新のための事業（職業紹介（職業安定法（昭和二十二年法律第百四十一号）第四条第一項に規定する職業紹介をいう。以下同じ。）、労働者供給（同条第七項に規定する労働者供給をいう。以下同じ。）及び労働者派遣（労働者派遣事業の適正な運営の確保及び派遣労働者の保護等に関する法律（昭和六十年法律第八十八号）第二条第一号に規定する労働者派遣をいう。以下同じ。）に係るものを除く。）の全部又は一部が厚生労働大臣の所管に属するものに関する厚生労働大臣の権限　当該作成した者の主たる事務所の所在地を管轄する地方厚生局長（四国厚生支局の管轄する区域にあっては、四国厚生支局長。以下同じ。）

六　中小企業者及び組合等が共同で作成した経営革新計画であって当該経営革新計画に従って行われる経営革新のための事業（職業紹介、労働者供給、労働者派遣及び社会保険労務士業務（社会保険労務士法（昭和四十三年法律第八十九号）第二条第一項及び第二条の二第一項に規定する業務並びに同法第二十五条の九第一項第一号に規定する厚生労働省令で定める業務をいう。次条第二項第三号及び第十七条第三号において同じ。）に係るものを除く。）の全部又は一部が厚生労働大臣の所管に属するもののうち、その代表者が個別中小企業者又は次のイ若しくはロに掲げる者からなり、かつ、当該個別中小企業者の主たる事務所の所在地をその管轄区域に含む地方厚生局（四国厚生支局の管轄する区域にあっては、四国厚生支局。以下この号において同じ。）又は次のイ若しくはロに掲げる者に係る地方厚生局が同一であるものに関する厚生労働大臣の権限　当該地方厚生局長

イ　その地区が一の地方厚生局の管轄区域を超えない地区組合

ロ　その行う事業が一の地方厚生局の管轄区域内に限られる法第二条第六項に

規定する一般社団法人

七　法第二条第一項第八号に掲げる者（全国を地区とするものを除く。）が単独で作成した経営革新計画であって当該経営革新計画に従って行われる経営革新のための事業の全部又は一部が農林水産大臣の所管に属するものに関する農林水産大臣の権限　当該作成した者の主たる事務所の所在地を管轄する地方農政局長又は北海道農政事務所長

八　中小企業者及び組合等が共同で作成した経営革新計画であって当該経営革新計画に従って行われる経営革新のための事業の全部又は一部が農林水産大臣の所管に属するもののうち、その代表者が個別中小企業者又は次のイ若しくはロに掲げる者からなり、かつ、当該個別中小企業者の主たる事務所の所在地をその管轄区域に含む地方農政局又は次のイ若しくはロに掲げる者に係る地方農政局が同一であるものに関する農林水産大臣の権限　当該地方農政局長

イ　その地区が一の地方農政局の管轄区域を超えない地区組合

ロ　その行う事業が一の地方農政局の管轄区域内に限られる法第二条第六項に規定する一般社団法人

九　法第二条第一項第八号に掲げる者（全国を地区とするものを除く。）が単独で作成した経営革新計画であって当該経営革新計画に従って行われる経営革新のための事業の全部又は一部が国土交通大臣の所管に属するものに関する国土交通大臣の権限　当該作成した者の主たる事務所の所在地を管轄する地方整備局長、北海道開発局長又は地方運輸局長

十　中小企業者及び組合等が共同で作成した経営革新計画であって当該経営革新計画に従って行われる経営革新のための事業の全部又は一部が国土交通大臣の所管に属するもののうち、その代表者が個別中小企業者又は次のイ若しくはロに掲げる者からなり、かつ、当該個別中小企業者の主たる事務所の所在地をその管轄区域に含む地方整備局若しくは地方運輸局（海事に関する事務に係るものについては、運輸監理部を含む。以下この号において同じ。）又は次のイ若しくはロに掲げる者に係る地方整備局若しくは地方運輸局が同一であるものに関する国土交通大臣の権限　当該地方整備局長又は地方運輸局長

イ　その地区が一の地方整備局又は地方運輸局の管轄区域を超えない地区組合

ロ　その行う事業が一の地方整備局又は地方運輸局の管轄区域内に限られる法

第二条第六項に規定する一般社団法人

十一　法第二条第一項第八号に掲げる者（全国を地区とするものを除く。）が単独で作成した経営革新計画であって当該経営革新計画に従って行われる経営革新のための事業（第一種動物取扱業及び第二種動物取扱業に係るものを除く。）の全部又は一部が環境大臣の所管に属するものに関する環境大臣の権限　当該作成した者の主たる事務所の所在地を管轄する地方環境事務所長

十二　中小企業者及び組合等が共同で作成した経営革新計画であって当該経営革新計画に従って行われる経営革新のための事業（第一種動物取扱業及び第二種動物取扱業に係るものを除く。）の全部又は一部が環境大臣の所管に属するもののうち、その代表者が個別中小企業者又は次のイ若しくはロに掲げる者からなり、かつ、当該個別中小企業者の主たる事務所の所在地をその管轄区域に含む地方環境事務所又は次のイ若しくはロに掲げる者に係る地方環境事務所が同一であるものに関する環境大臣の権限　当該地方環境事務所長

イ　その地区が一の地方環境事務所の管轄区域を超えない地区組合

ロ　その行う事業が一の地方環境事務所の管轄区域内に限られる法第二条第六項に規定する一般社団法人

第十六条　法第十六条第一項、第十七条第一項から第三項まで、第七十六条第三項及び第七十七条第二項（認定異分野連携新事業分野開拓計画の実施状況に係るものに限る。次項において同じ。）の規定による主務大臣の権限（経済産業大臣に属するものに限る。）は、当該異分野連携新事業分野開拓計画の代表者の主たる事務所の所在地を管轄する経済産業局長に委任されるものとする。

2　法第十六条第一項、第十七条第一項から第三項まで、第七十六条第三項及び第七十七条第二項の規定による主務大臣の権限（経済産業大臣に属するものを除く。）のうち、次の各号に掲げるものは、当該各号に定める者に委任されるものとする。

一　中小企業者が共同で作成した異分野連携新事業分野開拓計画であって当該異分野連携新事業分野開拓計画に従って行われる異分野連携新事業分野開拓に係る事業（行政書士業務に係るものを除く。）の全部又は一部が総務大臣の所管に属

するものに関する総務大臣の権限　当該計画の代表者の主たる事務所の所在地を
管轄する総合通信局長

二　　中小企業者が共同で作成した異分野連携新事業分野開拓計画であって当該異
分野連携新事業分野開拓計画に従って行われる異分野連携新事業分野開拓に係る
事業の全部又は一部が財務大臣の所管に属するものに関する財務大臣の権限（国
税庁の所掌に係るものに限る。）　当該計画の代表者の主たる事務所の所在地を
管轄する国税局長

三　　中小企業者が共同で作成した異分野連携新事業分野開拓計画であって当該異
分野連携新事業分野開拓計画に従って行われる異分野連携新事業分野開拓に係る
事業（職業紹介、労働者供給、労働者派遣及び社会保険労務士業務に係るものを
除く。）の全部又は一部が厚生労働大臣の所管に属するものに関する厚生労働大
臣の権限　当該計画の代表者の主たる事務所の所在地を管轄する地方厚生局長

四　　中小企業者が共同で作成した異分野連携新事業分野開拓計画であって当該異
分野連携新事業分野開拓計画に従って行われる異分野連携新事業分野開拓に係る
事業の全部又は一部が農林水産大臣の所管に属するものに関する農林水産大臣の
権限　当該計画の代表者の主たる事務所の所在地を管轄する地方農政局長又は北
海道農政事務所長

五　　中小企業者が共同で作成した異分野連携新事業分野開拓計画であって当該異
分野連携新事業分野開拓計画に従って行われる異分野連携新事業分野開拓に係る
事業の全部又は一部が国土交通大臣の所管に属するものに関する国土交通大臣の
権限　当該計画の代表者の主たる事務所の所在地を管轄する地方整備局長、北海
道開発局長又は地方運輸局長

六　　中小企業者が共同で作成した異分野連携新事業分野開拓計画であって当該異
分野連携新事業分野開拓計画に従って行われる異分野連携新事業分野開拓に係る
事業（第一種動物取扱業及び第二種動物取扱業に係るものを除く。）の全部又は
一部が環境大臣の所管に属するものに関する環境大臣の権限　当該計画の代表者
の主たる事務所の所在地を管轄する地方環境事務所長

第十七条　　法第十九条第一項及び第六項、第二十条第一項から第三項まで、第二
十一条、第二十九条第二項及び第三項、第七十六条第四項並びに第七十七条第二

項（認定経営力向上計画の実施状況に係るものに限る。）の規定による主務大臣の権限のうち、次の各号に掲げるものは、当該各号に定める者に委任されるものとする。

一　中小企業者等が単独で又は共同で作成した経営力向上計画であって当該経営力向上計画に従って行われる経営力向上に係る事業（行政書士業務に係るものを除く。）の全部又は一部が総務大臣の所管に属するものに関する総務大臣の権限　当該作成した者（共同で当該経営力向上計画を作成した場合にあっては、その代表者。以下この条において同じ。）の主たる事務所の所在地を管轄する総合通信局長

二　中小企業者等が単独で又は共同で作成した経営力向上計画であって当該経営力向上計画に従って行われる経営力向上に係る事業の全部又は一部が財務大臣の所管に属するものに関する財務大臣の権限（国税庁の所掌に係るものに限る。）　当該作成した者の主たる事務所の所在地を管轄する国税局長

三　中小企業者等が単独で又は共同で作成した経営力向上計画であって当該経営力向上計画に従って行われる経営力向上に係る事業（職業紹介、労働者供給、労働者派遣及び社会保険労務士業務に係るものを除く。）の全部又は一部が厚生労働大臣の所管に属するものに関する厚生労働大臣の権限（法第十九条第六項、第二十条第三項並びに第二十九条第二項及び第三項の規定によるものを除く。）　当該作成した者の主たる事務所の所在地を管轄する地方厚生局長

四　中小企業者等が単独で又は共同で作成した経営力向上計画であって当該経営力向上計画に従って行われる経営力向上に係る事業の全部又は一部が農林水産大臣の所管に属するものに関する農林水産大臣の権限　当該作成した者の主たる事務所の所在地を管轄する地方農政局長又は北海道農政事務所長

五　中小企業者等が単独で又は共同で作成した経営力向上計画であって当該経営力向上計画に従って行われる経営力向上に係る事業の全部又は一部が経済産業大臣の所管に属するものに関する経済産業大臣の権限　当該作成した者の主たる事務所の所在地を管轄する経済産業局長

六　中小企業者等が単独で又は共同で作成した経営力向上計画であって当該経営力向上計画に従って行われる経営力向上に係る事業の全部又は一部が国土交通大臣の所管に属するものに関する国土交通大臣の権限　当該作成した者の主たる事

114

務所の所在地を管轄する地方整備局長、北海道開発局長又は地方運輸局長

七　中小企業者等が単独で又は共同で作成した経営力向上計画であって当該経営
力向上計画に従って行われる経営力向上に係る事業（第一種動物取扱業及び第二
種動物取扱業に係るものを除く。）の全部又は一部が環境大臣の所管に属するも
のに関する環境大臣の権限　当該作成した者の主たる事務所の所在地を管轄する
地方環境事務所長

第十八条　法第三十二条第一項、第三項及び第四項、法第三十四条第二項におい
て準用する法第三十二条第一項及び第三項、法第三十五条から第三十七条まで並
びに法第七十七条第四項（経営革新等支援業務の実施状況に係るものに限る。）
の規定による主務大臣の権限（経済産業大臣に属するものに限る。）は、認定経
営革新等支援機関（法第三十二条第一項の認定を受けようとする者を含む。次項
において同じ。）の主たる事務所の所在地を管轄する経済産業局長に委任される
ものとする。

2　法第七十九条第十三項の規定により金融庁長官に委任された権限（認定経営
革新等支援機関である金融機関のうち金融庁長官の指定するものに関するものを
除く。）は、認定経営革新等支援機関の主たる事務所の所在地を管轄する財務局
長（福岡財務支局の管轄する区域にあっては、福岡財務支局長）に委任されるも
のとする。

第十九条　法第五十条第一項並びに第五十一条第一項及び第二項の規定による経
済産業大臣の権限並びに法第七十六条第六項及び第七十七条第五項の規定による
経済産業大臣の権限（認定事業継続力強化を行う者に関するものに限る。）は、
事業継続力強化計画を作成した中小企業者の主たる事務所の所在地を管轄する経
済産業局長に委任されるものとする。

2　法第五十二条第一項並びに第五十三条第一項及び第二項の規定による経済産
業大臣の権限並びに法第七十六条第六項及び第七十七条第五項の規定による経済
産業大臣の権限（認定連携事業継続力強化を行う者に関するものに限る。）は、

連携事業継続力強化計画の代表者の主たる事務所の所在地を管轄する経済産業局長に委任されるものとする。

　　附　則

1　　この政令は、法の施行の日（平成十一年七月二日）から施行する。

2　　平成十三年三月三十一日までに成立している普通保険、無担保保険又は特別小口保険の保険関係であって、法第二十四条第一項に規定する経営革新関連保証に係るものについての第十条の規定の適用については、同条中「〇・四一パーセント」とあるのは「〇・四パーセント」と、「〇・二九パーセント」とあるのは「〇・二八パーセント」と、「〇・一九パーセント」とあるのは、「〇・一八パーセント」とする。

　　附　則（平成一一・八・二七政二五八）抄

（施行期日）
第一条　　この政令は、平成十一年九月一日から施行する。

（新事業創出促進法施行令等の一部改正に伴う経過措置）
第五条　　〔省略〕

2　　この政令の施行前に成立している中小企業経営革新支援法（平成十一年法律第十八号）第六条第一項に規定する経営革新関連保証の保険関係に係る保険料率については、なお従前の例による。

　　附　則（平成一一・一二・三政三八六）抄

（施行期日）
第一条　　この政令は、公布の日から施行する。

（罰則に関する経過措置）

第六条　この政令の施行前にした行為及びこの政令の附則においてなお従前の例
　によることとされる場合におけるこの政令の施行後にした行為に対する罰則の適
　用については、なお従前の例による。

　　　　附　則（平成一二・三・二九政一三一）抄

（施行期日）

第一条　この政令は、公布の日から施行する。

　　　　附　則（平成一二・三・二九政一三二）抄

（施行期日）

1　この政令は、平成十二年四月一日から施行する。

　　　　附　則（平成一二・六・七政三一一）抄

（施行期日）

第一条　この政令は、内閣法の一部を改正する法律（平成十一年法律第八十八
　号）の施行の日（平成十三年一月六日）から施行する。〔後略〕

　　　　附　則（平成一二・九・一三政四二三）

　この政令は、平成十三年一月六日から施行する。

　　　　附　則（平成一二・一二・一三政五一五）抄

1　この政令は、公布の日から施行する。

　　　附　則（平成一四・三・六政四一）

　この政令は、公布の日から施行する。

　　　附　則（平成一四・六・七政二〇〇）抄

（施行期日）
第一条　　この政令は、平成十四年七月一日から施行する。

　　　附　則（平成一六・三・三一政一〇五）抄

（施行期日）
第一条　　この政令は、平成十六年四月一日から施行する。〔後略〕

　　　附　則（平成一七・四・一三政一五三）抄

（施行期日）
第一条　　この政令は、中小企業経営革新支援法の一部を改正する法律（以下「改正法」という。）の施行の日から施行する。

（中小企業経営革新支援法の一部を改正する法律の施行に伴う経過措置）
第五条　　改正法による改正前の中小企業経営革新支援法（以下この条において「旧法」という。）第四条第一項の規定により承認の申請がされた同項の経営革新計画（以下この条において「経営革新計画」という。）であって改正法の施行の際同項の承認をするかどうかの処分がされていないものについての行政庁の承認については、なお従前の例による。

2　　改正法の施行前に旧法第五条第一項の規定により変更の承認の申請がされた

経営革新計画であって改正法の施行の際同項の承認をするかどうかの処分がされていないものについての行政庁の承認については、なお従前の例による。

3　前二項の規定に基づき従前の例により承認又は変更の承認を受けた経営革新計画は、改正法附則第二条の規定の適用については、それぞれ旧法第四条第一項又は第五条第一項の規定により行政庁の承認又は変更の承認を受けた経営革新計画とみなす。

　　　附　則（平成一八・三・三一政一六五）抄

（施行期日）
第一条　この政令は、整備法の施行の日（平成十八年四月一日）から施行する。
〔後略〕

　　　附　則（平成一八・四・二六政一八〇）抄

（施行期日）
第一条　この政令は、会社法の施行の日（平成十八年五月一日）から施行する。

　　　附　則（平成一九・三・二政三九）

　この政令は、一般社団法人及び一般財団法人に関する法律の施行の日から施行する。

　　　附　則（平成一九・三・三〇政九二）抄

（施行期日）
第一条　この政令は、平成十九年四月一日から施行する。〔後略〕

　　　附　則（平成一九・八・三政二四〇）抄

（施行期日）

第一条　　この政令は、産業活力再生特別措置法等の一部を改正する法律の施行の日（平成十九年八月六日）から施行する。

　　　附　則（平成一九・八・三政二四二）抄

（施行期日）

第一条　　この政令は、中小企業信用保険法の一部を改正する法律の施行の日（平成十九年八月四日）から施行する。

　　　附　則（平成二一・六・一二政一五五）抄

（施行期日）

第一条　　この政令は、我が国における産業活動の革新等を図るための産業活力再生特別措置法等の一部を改正する法律の施行の日（平成二十一年六月二十二日）から施行する。

　　　附　則（平成二三・三・三〇政四九）

（施行期日）

第一条　　この政令は、平成二十三年四月一日から施行する。

（経過措置）

第二条　　この政令の施行前に成立している保険関係については、なお従前の例による。

　　　附　則（平成二四・八・二九政二一九）

　　この政令は、中小企業の海外における商品の需要の開拓の促進等のための中小

　企業の新たな事業活動の促進に関する法律等の一部を改正する法律の施行の日
（平成二十四年八月三十日）から施行する。

　　　附　　則（平成二五・九・一九政二七六）

　この政令は、小規模企業の事業活動の活性化のための中小企業基本法等の一部
を改正する等の法律の施行の日（平成二十五年九月二十日）から施行する。

　　　附　　則（平成二六・一・一七政一三）抄

（施行期日）
第一条　　この政令は、法の施行の日（平成二十六年一月二十日）から施行する。
　〔後略〕

　　　附　　則（平成二六・七・一六政二六一）抄

（施行期日）
第一条　　この政令は、〔中略〕ただし、附則第六条から第十一条まで〔中略〕の
　規定は、平成二十七年四月一日から施行する。

　　　附　　則（平成二七・二・四政三五）抄

（施行期日）
1　　この政令は、平成二十七年四月一日から施行する。〔後略〕

　　　附　　則（平成二七・三・一八政七四）

　この政令は、平成二十七年四月一日から施行する。〔後略〕

　　　附　　則（平成二八・三・二四政七一）

（施行期日）

1　　この政令は、地域の自主性及び自立性を高めるための改革の推進を図るための関係法律の整備に関する法律（平成二十七年法律第五十号）附則第一条第四号に掲げる規定（同法第十五条の規定に限る。）の施行の日（平成二十八年四月一日）から施行する。

（確認及び申請に関する経過措置）

2　　この政令の施行前に中小企業の新たな事業活動の促進に関する法律第八条の規定により経済産業大臣がした確認又はこの政令の施行の際現に同条の規定により経済産業大臣に対してされている確認の申請は、それぞれこの政令による改正後の中小企業の新たな事業活動の促進に関する法律施行令第九条の二の規定により都道府県知事がした確認又は同条の規定により都道府県知事に対してされた確認の申請とみなす。

　　　附　　則（平成二八・三・三一政一〇三）抄

（施行期日）

1　　この政令は、平成二十八年四月一日から施行する。

　　　附　　則（平成二八・六・三〇政二四八）

　　この政令は、中小企業の新たな事業活動の促進に関する法律の一部を改正する法律の施行の日（平成二十八年七月一日）から施行する。

　　　附　　則（平成二九・一〇・二五政二六二）

　　この政令は、中小企業の経営の改善発達を促進するための中小企業信用保険法等の一部を改正する法律の施行の日（平成三十年四月一日）から施行する。

附　則（平成三〇・三・三〇政一〇一）

（施行期日）
第一条　この政令は、平成三十年四月一日から施行する。

（処分、手続等に関する経過措置）
第二条　この政令の施行前に総合通信局長（沖縄総合通信事務所長を含む。以下この条において同じ。）が中小企業等経営強化法（以下「法」という。）の規定によりした認定その他の処分（行政書士業務（この政令による改正後の中小企業等経営強化法施行令（次条第一項において「新令」という。）第十一条第二項第二号に規定する行政書士業務をいう。以下この条において同じ。）に係る事業に係るものに限る。以下この項において同じ。）は、総務大臣がした認定その他の処分とみなし、この政令の施行前に法の規定により総合通信局長に対してされた申請その他の行為（行政書士業務に係る事業に係るものに限る。以下この項において同じ。）は、総務大臣に対してされた申請その他の行為とみなす。

2　この政令の施行前に法の規定により総合通信局長に対して報告その他の手続をしなければならない事項（行政書士業務に係る事業に係るものに限る。）であって、この政令の施行前に当該手続がされていないものについては、これを、総務大臣に対して当該手続がされていないものとみなして、当該法の規定を適用する。

第三条　この政令の施行前に地方厚生局長（四国厚生支局の管轄する区域にあっては、四国厚生支局長。以下この条において同じ。）が法の規定によりした認定その他の処分（社会保険労務士業務（新令第十一条第二項第六号に規定する社会保険労務士業務をいう。以下この条において同じ。）に係る事業に係るものに限る。以下この項において同じ。）は、厚生労働大臣がした認定その他の処分とみなし、この政令の施行前に法の規定により地方厚生局長に対してされた申請その他の行為（社会保険労務士業務に係る事業に係るものに限る。以下この項において同じ。）は、厚生労働大臣に対してされた申請その他の行為とみなす。

2　　この政令の施行前に法の規定により地方厚生局長に対して報告その他の手続をしなければならない事項（社会保険労務士業務に係る事業に係るものに限る。）であって、この政令の施行前に当該手続がされていないものについては、これを、厚生労働大臣に対して当該手続がされていないものとみなして、当該法の規定を適用する。

3　　この政令の施行前に厚生労働大臣に対してされた法第十三条第一項の認定又は法第十四条第一項の変更の認定（それぞれ職業紹介（職業安定法（昭和二十二年法律第百四十一号）第四条第一項に規定する職業紹介をいう。第五項において同じ。）、労働者供給（同条第七項に規定する労働者供給をいう。第五項において同じ。）、労働者派遣（労働者派遣事業の適正な運営の確保及び派遣労働者の保護等に関する法律（昭和六十年法律第八十八号）第二条第一号に規定する労働者派遣をいう。同項において同じ。）及び社会保険労務士業務に係る経営力向上（法第二条第十項に規定する経営力向上をいう。第五項において同じ。）に係る事業に係るものを除く。以下この項及び次項において同じ。）の申請であって、この政令の施行前に認定又は変更の認定をするかどうかの処分がされていないものについてのこれらの処分については、なお従前の例による。

4　　この政令の施行前に厚生労働大臣がした法第十三条第一項の認定又は法第十四条第一項の変更の認定（それぞれ前項の規定によりなお従前の例によりされたものを含む。）は、地方厚生局長がした法第十三条第一項の認定又は法第十四条第一項の変更の認定とみなす。

5　　この政令の施行前に法第四十七条第一項（法第十四条第二項に規定する認定経営力向上計画の実施状況に係るものに限る。）の規定により厚生労働大臣に対して報告しなければならない事項（職業紹介、労働者供給、労働者派遣及び社会保険労務士業務に係る経営力向上に係る事業に係るものを除く。）であって、この政令の施行前に報告がされていないものについての報告については、なお従前の例による。

　　産業競争力強化法等の一部を改正する法律の施行に伴う関係政令の整備等及び経過措置に関する政令（平成三〇・七・六政一九九）抄

　　（改正法附則第十四条第二項の規定により読み替えて適用する改正法第三条の規定による改正後の中小企業等経営強化法第二十八条第一項の政令で定める期間）

第九条　　産業競争力強化法等の一部を改正する法律（以下「改正法」という。）附則第十四条第二項の規定により読み替えて適用する改正法第三条の規定による改正後の中小企業等経営強化法第二十八条第一項の政令で定める期間は、改正法第三条の規定による改正前の中小企業等経営強化法第二十一条第一項の認定（中小企業の新たな事業活動の促進に関する法律の一部を改正する法律（平成二十八年法律第五十八号）による改正前の中小企業の新たな事業活動の促進に関する法律（平成十一年法律第十八号）第十七条第一項の規定によりされた認定（以下この条において「旧認定」という。）を含む。）を受けた日から起算して五年（旧認定を受けた日が平成二十七年七月八日以前である場合にあっては、改正法の施行の日から起算して二年）とする。

　　　附　　則

　　（施行期日）

第一条　　この政令は、改正法の施行の日（平成三十年七月九日）から施行する。

　　（処分、手続等に関する経過措置）

第二条　　この政令の施行前に環境大臣に対してされた中小企業等経営強化法（以下この条において「中小強化法」という。）第八条第一項の承認若しくは中小強化法第九条第一項の変更の承認（第一種動物取扱業（動物の愛護及び管理に関する法律（昭和四十八年法律第百五号）第十条第一項に規定する第一種動物取扱業をいう。以下この項及び第三項において同じ。）及び第二種動物取扱業（同法第二十四条の二に規定する第二種動物取扱業をいう。以下この項及び第三項において同じ。）に係る経営革新（中小強化法第二条第七項に規定する経営革新をい

う。第三項において同じ。）に係る事業に係るものを除く。以下この項及び次項
において同じ。）、中小強化法第十条第一項の認定若しくは中小強化法第十一条
第一項の変更の認定（第一種動物取扱業及び第二種動物取扱業に係る異分野連携
新事業分野開拓（中小強化法第二条第九項に規定する異分野連携新事業分野開拓
をいう。第三項において同じ。）に係る事業に係るものを除く。以下この項及び
次項において同じ。）又は中小強化法第十三条第一項の認定若しくは中小強化法
第十四条第一項の変更の認定（第一種動物取扱業及び第二種動物取扱業に係る経
営力向上（中小強化法第二条第十項に規定する経営力向上をいう。第三項におい
て同じ。）に係る事業に係るものを除く。以下この項及び次項において同じ。）
の申請であって、この政令の施行前に承認若しくは変更の承認又は認定若しくは
変更の認定をするかどうかの処分がされていないものについてのこれらの処分に
ついては、なお従前の例による。

2　　　この政令の施行前に環境大臣がした中小強化法第八条第一項の承認若しくは
中小強化法第九条第一項の変更の承認、中小強化法第十条第一項の認定若しくは
中小強化法第十一条第一項の変更の認定又は中小強化法第十三条第一項の認定若
しくは中小強化法第十四条第一項の変更の認定（それぞれ前項の規定によりなお
従前の例によりされたものを含む。）は、地方環境事務所長がした中小強化法第
八条第一項の承認若しくは中小強化法第九条第一項の変更の承認、中小強化法第
十条第一項の認定若しくは中小強化法第十一条第一項の変更の認定又は中小強化
法第十三条第一項の認定若しくは中小強化法第十四条第一項の変更の認定とみな
す。

3　　　この政令の施行前に改正法第三条の規定による改正前の中小強化法第四十七
条第一項（中小強化法第九条第二項に規定する承認経営革新計画、中小強化法第
十一条第三項に規定する認定異分野連携新事業分野開拓計画及び中小強化法第十
四条第二項に規定する認定経営力向上計画の実施状況に係るものに限る。）の規
定により環境大臣に対して報告しなければならない事項（第一種動物取扱業及び
第二種動物取扱業に係る経営革新、異分野連携新事業分野開拓又は経営力向上に
係る事業に係るものを除く。）又は中小強化法第十一条第二項の規定により環境

126

大臣に対して届け出なければならない事項であって、この政令の施行前に報告又は届出がされていないものについての報告又は届出については、なお従前の例による。

　　　附　則（平成三〇・九・二一政二六五）抄

（施行期日）
1　　この政令は、産業競争力強化法等の一部を改正する法律附則第一条第二号に掲げる規定の施行の日（平成三十年九月二十五日）から施行する。

（罰則に関する経過措置）
2　　この政令の施行前にした行為に対する罰則の適用については、なお従前の例による。

　　　附　則（令和元・七・一二政五八）抄

（施行期日）
第一条　　この政令は、中小企業の事業活動の継続に資するための中小企業等経営強化法等の一部を改正する法律（次条において「改正法」という。）の施行の日（令和元年七月十六日）から施行する。

（経過措置）
第二条　　この政令の施行前にされた改正法第一条の規定による改正前の中小企業等経営強化法（平成十一年法律第十八号。以下この条において「旧法」という。）第十三条第一項の認定の申請（当該申請に係る同項に規定する経営力向上計画（当該経営力向上計画に従って行われる経営力向上に係る事業（行政書士業務（第一条の規定による改正前の中小企業等経営強化法施行令第十二条第二項第二号に規定する行政書士業務をいう。以下この条において同じ。）並びに第一種動物取扱業（動物の愛護及び管理に関する法律（昭和四十八年法律第百五号）第十条第一項に規定する第一種動物取扱業をいう。以下この条において同じ。）及

び第二種動物取扱業（同法第二十四条の二に規定する第二種動物取扱業をいう。以下この条において同じ。）に係るものを除く。）の全部又は一部が総務大臣、財務大臣、農林水産大臣、経済産業大臣、国土交通大臣又は環境大臣の所管に属するものに限る。）に旧法第十三条第四項に規定する特定許認可等に基づく被承継等中小企業者等の地位が記載されている場合に限る。）又は旧法第十四条第一項の規定による変更の認定の申請（当該申請に係る同条第二項に規定する認定経営力向上計画（当該認定経営力向上計画に従って行われる経営力向上に係る事業（行政書士業務並びに第一種動物取扱業及び第二種動物取扱業に係るものを除く。）の全部又は一部が総務大臣、財務大臣、農林水産大臣、経済産業大臣、国土交通大臣又は環境大臣の所管に属するものに限る。）に従って旧法第二条第十項に規定する事業承継等が行われる前に当該申請がされ、かつ、当該変更が旧法第十四条第三項各号のいずれかに該当するものである場合に限る。）に係る旧法第十三条第六項、第十四条第三項並びに第二十三条第二項及び第三項の規定による主務大臣の権限（総務大臣、財務大臣、農林水産大臣、経済産業大臣、国土交通大臣又は環境大臣に属するもの（財務大臣に属するものにあっては、国税庁の所掌に係るものに限る。）に限る。）については、なお従前の例による。

　　附　則（令和元・一一・七政一五二）抄

　この政令は、動物の愛護及び管理に関する法律等の一部を改正する法律の施行の日（令和二年六月一日）から施行する。〔後略〕

中小企業等経営強化法施行規則

（平成11年7月15日通商産業省令第74号）

　中小企業経営革新支援法（平成十一年法律第十八号）第四条第一項、第五条第一項及び第十七条第二項の規定に基づき、中小企業経営革新支援法施行規則を次のように定める。

　（定義）

第一条　　この省令において使用する用語は、中小企業等経営強化法（以下「法」という。）において使用する用語の例による。

2　　この省令において「子会社」とは、中小企業者及び組合等が発行済株式の総数、出資口数の総数若しくは出資価額の総額の百分の五十以上に相当する数若しくは額の株式若しくは出資を所有する関係又は第一号若しくは第二号に該当し、かつ、役員の総数の二分の一以上を当該中小企業者及び組合等の役員若しくは職員が占める関係を持っている他の事業者をいう。

　一　　当該他の事業者の発行済株式の総数、出資口数の総数又は出資価額の総額の百分の四十以上、百分の五十未満に相当する数又は額の株式又は出資を当該中小企業者及び組合等が所有していること。

　二　　当該中小企業者及び組合等の所有する当該他の事業者の発行済株式の数、出資口数又は出資価額が、当該他の事業者の発行済株式の総数、出資口数の総数又は出資価額の総額の百分の二十以上、百分の四十未満であって、かつ、他のいずれの一の者が所有する当該他の事業者の発行済株式の数、出資口数又は出資価額をも下回っていないこと。

　（情報処理に関する高度な知識又は技能を活用して行う業務）

第二条　　法第二条第五項第四号の経済産業省令で定める業務は、情報処理サービス業（情報処理の促進に関する法律（昭和四十五年法律第九十号。以下「情報処

理促進法」という。）第二条第三項に規定する情報処理サービス業をいう。）、ソフトウエア業（情報処理促進法第二条第三項に規定するソフトウエア業をいう。）その他これらに類する事業に関する専門的な業務又は事業者がその事業の生産性の向上を図るために行うソフトウエアの開発、情報ネットワークの構築その他これらに類する業務をいう。

2　　法第二条第五項第四号の経済産業省令で定める割合は、百分の二とする。

（投資及び指導を行うことを業とする者の要件）

第三条　　法第二条第八項の投資及び指導を新規中小企業者等に対して行うことを業とする者として経済産業省令で定める要件に該当する者は、民法（明治二十九年法律第八十九号）第六百六十七条第一項に規定する組合契約によって成立する組合、商法（明治三十二年法律第四十八号）第五百三十五条に規定する匿名組合契約によって成立する匿名組合、投資事業有限責任組合（投資事業有限責任組合契約に関する法律（平成十年法律第九十号）第二条第二項に規定する投資事業有限責任組合をいう。以下同じ。）若しくは有限責任事業組合（有限責任事業組合契約に関する法律（平成十七年法律第四十号）第二条に規定する有限責任事業組合をいう。）若しくは外国に所在するこれらの組合に類似する団体又は株式会社若しくは合同会社であって、新事業活動に対する資金供給その他の支援又は新事業活動に対する資金供給その他の支援を行う事業活動に対する資金供給その他の支援を行うものをいう。

（社外高度人材の要件）

第四条　　法第二条第八項の新事業活動に有用な高度な知識又は技能を有する者として経済産業省令で定める要件に該当する者は、次の各号のいずれかに該当する者とする。

一　　我が国の国家資格（資格のうち、法令において当該資格を有しない者は当該資格に係る業務若しくは行為を行い、又は当該資格に係る名称を使用することができないこととされているものをいう。）を有し、かつ、当該資格に係る業務又は行為について三年以上の実務経験があること。

二　博士の学位を有し、かつ、研究、研究の指導又は教育について三年以上の実務経験があること。

三　出入国管理及び難民認定法（昭和二十六年政令第三百十九号）別表第一の二の表の上欄の高度専門職の在留資格をもって在留し、当該専門性について三年以上の実務経験があること。

四　金融商品取引法（昭和二十三年法律第二十五号）第二条第十六項に規定する金融商品取引所に上場されている株式又は同法第六十七条の十一第一項に規定する店頭売買有価証券登録原簿に登録されている株式の発行者である会社（以下「上場会社等」という。）の役員として、三年以上の実務経験があること。

五　国又は国から委託を受けた機関が実施する事業であって、将来において成長発展が期待される分野の先端的な人材育成事業に選定され、従事していたこと。

六　認定を受けようとする社外高度人材活用新事業分野開拓計画を開始しようとする日から遡って十年間において、本邦の公私の機関との契約に基づいて、製品又は役務の開発に二年以上従事し、かつ、次のイ又はロに該当すること。

イ　当該機関が、認定を受けようとする社外高度人材活用新事業分野開拓計画を開始しようとする日から遡って十年間において継続して上場会社等である場合、当該製品又は役務の開発に従事していた期間の開始時点に対し、終了時点における当該製品又は役務の売上高が増加しており、かつ、当該期間の開始時点において当該製品又は役務の売上高が当該機関の全ての事業の売上高の百分の一未満であり、かつ、当該期間の終了時点において当該製品又は役務の売上高が当該機関の全ての事業の売上高の百分の一以上であること。

ロ　当該機関が、認定を受けようとする社外高度人材活用新事業分野開拓計画を開始しようとする日から遡って十年間において継続して上場会社等でない場合、次の(1)又は(2)に該当すること。

(1)　当該機関の従業員として当該製品又は役務の開発に従事していた期間の開始時点に対し、終了時点における当該機関の全ての事業の売上高が百分の百以上増加したこと（ただし、当該製品又は役務の開発に従事していた当該期間の開始時点の売上高が十億円未満の場合は開始時点の売上高は十億円とみなす。）。

(2)　当該機関の当該製品又は役務の開発に従事していた期間の開始時点に対

し、終了時点における当該製品又は役務の売上高が百分の百以上増加したこ
と（ただし、当該製品又は役務の開発に従事していた当該期間の開始時点の
売上高が一億円未満の場合は開始時点の売上高は一億円とみなす。）。

（外国関係法人等に関する経済産業省令で定める関係）

第五条　　法第二条第十項の経済産業省令で定める関係は、次の各号のいずれかに
該当する関係とする。

一　　外国の法令に準拠して設立された法人その他の外国の団体（新たに設立され
るものを含む。以下この条において「外国法人等」という。）の発行済株式若し
くは持分又はこれらに類似するもの（以下この条において「株式等」という。）
の総数又は総額の百分の五十以上に相当する数又は額の株式等を中小企業者又は
組合等が所有する関係

二　　次のイ又はロに該当し、かつ、外国法人等の役員その他これに相当する者
（以下この条において「役員等」という。）の総数の二分の一以上を中小企業者
又は組合等の役員又は職員が占める関係

　イ　　当該外国法人等の株式等の総数又は総額の百分の四十以上、百分の五十未
満に相当する数又は額の株式等を当該中小企業者又は組合等が所有しているこ
と。

　ロ　　当該中小企業者又は組合等の所有する当該外国法人等の株式等の数又は額
が百分の二十以上、百分の四十未満であって、かつ、他のいずれの一の者が所
有する当該外国法人等の株式等の数又は額をも下回っていないこと。

三　　外国法人等の株式等の総数又は総額の百分の五十以上に相当する数又は額の
株式等を、子会社若しくは外国子会社（中小企業者又は組合等が前二号に規定す
る関係を有する場合における当該各号の外国法人等をいう。以下この条において
「子会社等」という。）又は子会社等及び当該中小企業者又は組合等が所有する
関係

四　　次のイ又はロに該当し、かつ、外国法人等の役員等の総数の二分の一以上
を、子会社等又は子会社等及び当該中小企業者又は組合等の役員等又は職員が占
める関係

　イ　　当該外国法人等の株式等の総数又は総額の百分の四十以上、百分の五十未

満に相当する数又は額の株式等を、子会社等又は子会社等及び当該中小企業者
又は組合等が所有していること。

ロ　　子会社等又は子会社等及び当該中小企業者又は組合等の所有する当該外国
法人等の株式等の数又は額が、当該外国法人等の株式等の総数又は総額の百分
の二十以上、百分の四十未満であって、かつ、他のいずれの一の者が所有する
当該外国法人等の株式等の数又は額をも下回っていないこと。

（事業再編投資の要件）

第六条　　法第二条第十五項の経済産業省令で定める要件は、次のとおりとする。

一　　主として経営力向上（事業承継等を行うものに限る。）を図る中小企業者等
（金融商品取引法第二条第十六項に規定する金融商品取引所に上場されている株
式又は同法第六十七条の十一第一項の店頭売買有価証券登録原簿に登録されてい
る株式を発行している株式会社を除く。）であるものの株式又は持分を取得及び
保有する投資事業であること。

二　　投資事業有限責任組合の株式の取得価額の総額に対する経営力向上（事業承
継等を行うものに限る。）を図る中小企業者等の株式の取得価額の割合が百分の
五十以上であること。

（事業再編投資）

第七条　　法第二条第十五項の経済産業省令で定める事業は、投資事業有限責任組
合の無限責任組合員が当該投資事業有限責任組合によりその株式を保有されてい
る会社に対して経営資源を高度に利用する方法に係る指導を行う事業（当該会社
の事業の成長発展を図るため、必要に応じ、当該会社の取締役に対し経営に関す
る意見を述べることを含むものに限る。）を営むことを約する投資事業有限責任
組合契約に基づくものとする。

（創業等関連保証の資金の要件）

第八条　　法第四条第一項の創業者及び新規中小企業者の要する資金のうち経済産
業省令で定めるものは、設備資金及び運転資金であって、次の各号のいずれかに
該当するものとする。

一　法第二条第三項第一号に掲げる創業者がその期間内に新たに事業を開始するため必要となるもの

二　法第二条第三項第二号又は第三号に掲げる創業者により新たに設立される会社がその期間内に事業を開始するため必要となるもの

三　法第二条第四項第一号に掲げる新規中小企業者がその期間内にその開始した事業の実施のため必要となるもの

四　法第二条第四項第二号に掲げる新規中小企業者がその期間内に行う事業の実施のため必要となるもの

2　法第二条第三項第一号及び第二号に掲げる創業者についての前項の規定の適用については、当該創業者の自己資金の額（当該創業者が借入金を有している場合は、当該借入金の額に相当する金額を控除した金額）を限度とする。

（診断及び指導に係る要件）

第九条　法第六条の経済産業省令で定める要件は、次のとおりとする。

一　法第二条第四項第二号の新規中小企業者（合併又は分割により設立されたものを除く。）であって次のいずれかに該当するものであること又は同項第三号の新規中小企業者（合併又は分割により設立されたものを除く。）であること。

イ　前事業年度において試験研究費その他中小企業等経営強化法施行令（平成十一年政令第二百一号）第三条第一項に規定する費用の合計額の同条第二項に規定する収入金額に対する割合が百分の三を超えるもの又は売上高成長率（前事業年度の売上高の額（事業年度の期間が一年未満の場合にあっては、当該売上高の額を一年当たりの額に換算した額。以下同じ。）の前々事業年度の売上高の額に対する割合又は前事業年度の売上高の額の設立後最初の事業年度の売上高の額に対する割合を設立後最初の事業年度の次の事業年度から前事業年度までの事業年度の数で乗根して得た割合をいう。以下同じ。）が百分の百二十五を超えるもの

ロ　設立の日以後の期間が一年未満の会社であって、常勤の研究者の数が二人以上であり、かつ、当該研究者の数の常勤の役員及び従業員の数の合計に対する割合が十分の一以上であるもの

ハ　設立の日以後の期間が二年未満の会社であって、常勤の新事業活動従事者
（法第二条第七項に規定する新事業活動に従事する者であって研究者に該当し
ない者をいう。以下同じ。）の数が二人以上であり、かつ、当該新事業活動従
事者の数の常勤の役員及び従業員の数の合計に対する割合が十分の一以上であ
るもの

二　株式会社であること。

三　株主グループ（株主の一人並びに当該株主と法人税法施行令（昭和四十年政
令第九十七号）第四条に規定する特殊の関係のある個人及び法人をいう。以下こ
の号において同じ。）のうちその有する株式の総数が、投資を受けた時点におい
て発行済株式の総数の十分の三以上であるものの有する株式の合計数が、発行済
株式の総数の六分の五を超えない会社であること。ただし、株主グループのうち
その有する株式の総数が最も多いものが、投資を受けた時点において発行済株式
の総数の二分の一を超える数の株式を有する会社にあっては、当該株主グループ
の有する株式の総数が、発行済株式の総数の六分の五を超えない会社であるこ
と。

四　金融商品取引法第二条第十六項に規定する金融商品取引所に上場されている
株式又は同法第六十七条の十一第一項に規定する店頭売買有価証券登録原簿に登
録されている株式の発行者である会社以外の会社であること。

五　次のイ又はロに掲げる会社以外の会社であること。

イ　発行済株式の総数の二分の一を超える数の株式が同一の大規模法人（資本
金の額若しくは出資の総額が一億円を超える法人又は資本金若しくは出資を有
しない法人のうち常時使用する従業員の数が千人を超える法人をいい、中小企
業投資育成株式会社を除く。以下この号において同じ。）及び当該大規模法人
と特殊の関係のある法人（次の(1)から(3)までに掲げる会社とする。以下この
号において同じ。）の所有に属している会社

(1)　当該大規模法人が有する他の会社の株式の総数又は出資の金額の合計
額が当該他の会社の発行済株式の総数又は出資金額の二分の一以上に相当す
る場合における当該他の会社

(2)　当該大規模法人及びこれと(1)に規定する特殊の関係のある会社が有す
る他の会社の株式の総数又は出資の金額の合計額が当該他の会社の発行済株

式の総数又は出資金額の二分の一以上に相当する場合における当該他の会社

(3)　当該大規模法人並びにこれと(1)及び(2)に規定する特殊の関係のある会社が有する他の会社の株式の総数又は出資の金額の合計額が当該他の会社の発行済株式の総数又は出資金額の二分の一以上に相当する場合における当該他の会社

ロ　イに掲げるもののほか、発行済株式の総数の三分の二以上が大規模法人及び当該大規模法人と特殊の関係のある法人の所有に属している会社

六　風俗営業等の規制及び業務の適正化等に関する法律（昭和二十三年法律第百二十二号）第二条第一項に規定する風俗営業又は同条第五項に規定する性風俗関連特殊営業に該当する事業を行う会社でないこと。

（特定新規中小企業者の確認）

第十条　新規中小企業者は、前条各号に掲げる要件に該当することについて、当該新規中小企業者の主たる事務所の所在地を管轄する都道府県知事（以下単に「都道府県知事」という。）の確認を受けることができる。

2　前項の確認を受けようとする新規中小企業者は、様式第一による申請書一通を都道府県知事に提出するものとする。

3　前項の申請書には、次に掲げる書類を添付するものとする。

一　定款

二　登記事項証明書

三　申請日の属する事業年度の直前事業年度（以下この条において「基準事業年度」という。）に係る貸借対照表、損益計算書及び事業報告書（設立後最初の事業年度を経過している場合に限る。）

四　基準事業年度の直前事業年度又は設立後最初の事業年度から基準事業年度の直前事業年度までの事業年度に係る貸借対照表、損益計算書及び事業報告書（前条第一号イに掲げるもののうち、売上高成長率に係るものに該当するものであることを証する場合に限る。）

五　基準事業年度の確定申告書（法人税法（昭和四十年法律第三十四号）第二条

第三十一号に規定する確定申告書をいう。以下同じ。）に添付された法人税法施
行規則（昭和四十年大蔵省令第十二号）第三十四条第二項に規定する別表二の写
し（設立後最初の事業年度を経過している場合に限る。）

六　　申請日における株主名簿

七　　常時使用する従業員数を証する書面

八　　組織図（前条第一号ロ又はハに掲げるものに該当するものであることを証す
る場合に限る。）

九　　前各号に掲げるもののほか、参考となる書類

4　　都道府県知事は、第二項の規定による提出を受けたときは、その内容を確認
し、当該提出を受けた日から、原則として一月以内に、申請者である第二項の新
規中小企業者に対して、様式第三による確認書を交付するものとする。

5　　都道府県知事は、前項の確認をしないときは、申請者である第二項の新規中
小企業者に対して、様式第四によりその旨を通知するものとする。

6　　都道府県知事は、第四項の確認書を交付したときは、同項の確認書の交付を
受けた特定新規中小企業者の名称、代表者の氏名その他必要と認める事項をイン
ターネットの利用その他の方法により公表することができる。

7　　経済産業大臣は、特定新規中小企業者の資金調達の円滑な実施に関して必要
があると認めるときは、都道府県知事に対し、第四項の確認書の交付を受けた特
定新規中小企業者の名称、代表者の氏名その他必要と認める事項に関する情報を
求めることができる。

8　　経済産業大臣は、前項の都道府県知事から情報の提供を受けたときは、第四
項の確認書の交付を受けた特定新規中小企業者の名称、代表者の氏名その他必要
と認める事項をインターネットの利用その他の方法により速やかに公表するもの
とする。

第十一条　新規中小企業者は、前条第一項の確認に加え、次のいずれかに該当することについて、都道府県知事の確認を受けることができる。この場合においては、前条第二項の様式第一による申請書に代えて、様式第二による申請書を都道府県知事に提出するものとする。

一　設立の日以後の期間が一年未満の会社（設立後最初の事業年度（以下この条において「設立事業年度」という。）を経過していないものに限る。）であって、事業の将来における成長発展に向けた事業計画を有するもの

二　設立の日以後の期間が一年以上三年未満の会社（設立の日以後の期間が一年未満の会社であって、設立事業年度を経過しているものを含む。）であって、設立後の各事業年度に係る営業活動によるキャッシュ・フロー（財務諸表等の用語、様式及び作成方法に関する規則（昭和三十八年大蔵省令第五十九号）第百十二条第一号に掲げる営業活動によるキャッシュ・フローをいう。）が零未満であるもの

2　前項の確認の申請は、前条第一項の確認の申請と同時に行わなければならない。この場合において、次の各号に掲げるものごとに当該各号に定める書類を前条第二項の申請書に添付するものとする。

一　前項第一号に該当するものであることを証するもの

　イ　前項第一号に規定する事業計画に係る事業計画書（事業概要、売上高の見込み及び経営者の略歴が記載されたものに限る。）

　ロ　法人税法第百四十八条第一項に規定する届出書の写し

二　前項第二号に該当するものであることを証するもの

　イ　設立の日における貸借対照表

　ロ　設立後の各事業年度に係る貸借対照表及び損益計算書（申請日の属する事業年度の直前事業年度に係る貸借対照表及び損益計算書を除く。）

　ハ　設立後の各事業年度に係るキャッシュ・フロー計算書

　ニ　税理士が署名した申請日の属する事業年度の直前事業年度の確定申告書に添付された法人税法施行規則第三十四条第二項に規定する別表一（一）の写し及び同令第三十五条第四号に掲げる事業等の概況に関する書類の写し

3　都道府県知事は、第一項の確認をしないときは、同項の確認の申請の日から、原則として一月以内に、申請者である第一項の新規中小企業者に対して、様式第五によりその旨を通知するものとする。

（特定新規中小企業者に係る株式の払込みの確認）

第十二条　法第七条の規定による確認を受けようとする法第六条に規定する特定新規中小企業者は、その発行する株式を払込みにより取得した個人ごと（第十条第一項の確認を受けた特定新規中小企業者が、その発行する株式の払込みの期日又はその期間を複数回定めた場合にあっては、個人及び当該期日又は当該期間ごと）に、様式第六による申請書一通を都道府県知事に提出するものとする。

2　前項の申請書には、次に掲げる書類を添付するものとする。

一　当該特定新規中小企業者（第十条第一項の確認を受けていないもの及び同項の確認を受けた後にその主たる事務所を他の都道府県に移転したものに限る。以下この号において同じ。）が法第六条に規定する要件に該当することを証する書類として次に掲げる書類

　イ　定款

　ロ　登記事項証明書

　ハ　基準日（第一項に規定する株式の払込みの期日（払込みの期間を定めた場合にあっては、出資の履行をした日）又は当該株式が当該特定新規中小企業者の設立に際して発行された場合は、その成立の日をいう。以下この条において同じ。）の属する事業年度の直前事業年度（以下この条において「基準事業年度」という。）に係る貸借対照表、損益計算書及び事業報告書（設立後最初の事業年度を経過している場合に限る。）

　ニ　基準事業年度の直前事業年度又は設立後最初の事業年度から基準事業年度の直前事業年度までの事業年度に係る貸借対照表、損益計算書及び事業報告書（第九条第一号イに掲げるもののうち、売上高成長率に係るものに該当するものであることを証する場合に限る。）

　ホ　基準事業年度の確定申告書に添付された法人税法施行規則第三十四条第二項に規定する別表二の写し（設立後最初の事業年度を経過している場合に限

る。）

ヘ　基準日における株主名簿

ト　常時使用する従業員数を証する書面

チ　組織図（第九条第一号ロ又はハに掲げるものに該当するものであることを証する場合に限る。）

リ　イからチまでに掲げるもののほか、参考となる書類

二　当該特定新規中小企業者（前条第一項の確認を受けたもの（同項の確認を受けた後にその主たる事務所を他の都道府県に移転していないものに限る。）に限る。）が法第六条に規定する要件に該当することを証する書類として次に掲げる書類

イ　第十条第四項の確認書（第一項の規定による確認の申請が行われた日の属する事業年度において交付されたものであって、基準日以前に交付されたものに限る。）

ロ　基準日において第九条各号に掲げる特定新規中小企業者の要件に該当する旨の様式第八による宣言書

ハ　イ及びロに掲げるもののほか、参考となる書類

三　前項の特定新規中小企業者により発行される株式を同項の個人が払込みにより取得したことを証する書類として次に掲げる書類

イ　当該株式の発行を決議した株主総会の議事録の写し、取締役の決定があったことを証する書面、又は取締役会の議事録の写し

ロ　当該個人が取得した当該株式（会社法第五十八条第一項に規定する設立時募集株式又は同法第百九十九条第一項に規定する募集株式に限る。）の引受けの申込み又はその総数の引受けを行う契約を証する書面

ハ　会社法第三十四条第一項又は同法第二百八条第一項の規定による払込みがあったことを証する書面

ニ　外部からの投資を受けて事業活動を行うに当たり、個人からの金銭による払込み（商法等の一部を改正する法律（平成十三年法律第百二十八号）附則第七条第一項の規定によりなお従前の例によることとされた新株引受権付社債に係る同法による改正前の商法第三百四十一条ノ八第二項第六号に規定する払込みを除く。）を受けて株式を発行するときに、その株式の発行による資金調達

を円滑に実施するために必要となる投資に関する契約（当該新規中小企業者が
商法の一部を改正する法律（平成九年法律第五十六号）附則第八条の規定によ
る改正前の特定新規事業実施円滑化臨時措置法（平成元年法律第五十九号。以
下この号において「旧新規事業法」という。）第八条第一項又は商法の一部を
改正する法律附則第十条の規定による改正前の特定通信・放送開発事業実施円
滑化法（平成二年法律第三十五号。以下この号において「旧通信・放送開発
法」という。）第八条第一項の決議をしたこれらの規定に規定する認定会社で
ある場合には、当該決議により特に有利な発行価額で新株の発行を受ける者と
された当該認定会社の取締役若しくは使用人である個人又は当該取締役若しく
は使用人である個人の相続人で旧新規事業法第八条第六項又は旧通信・放送開
発法第八条第六項の規定により当該決議があったものとみなされたものと締結
する投資に関する契約を除く。）を締結した契約書の写し

　ホ　　イからニまでに掲げるもののほか、参考となる書類

3　　第一項の特定新規中小企業者により発行される株式を同項の個人が民法組合
　等（民法第六百六十七条第一項に規定する組合契約によって成立する組合又は投
　資事業有限責任組合をいう。）を通じて取得した場合にあっては、当該特定新規
　中小企業者は、前項各号に掲げる書類（同項第三号ロに掲げるものを除く。）の
　ほか、次に掲げる書類を添付するものとする。
一　　当該民法組合等の組合契約書の写し
二　　当該民法組合等が取得した当該株式（会社法第五十八条第一項に規定する設
　立時募集株式又は同法第百九十九条第一項に規定する募集株式に限る。）の引受
　けの申込み又はその総数の引受けを行う契約を証する書面
三　　様式第九による当該民法組合等が民法第六百六十七条第一項に規定する組合
　契約又は投資事業有限責任組合契約に関する法律第三条第一項に規定する投資事
　業有限責任組合契約によって成立するものである旨を誓約する書面

4　　都道府県知事は、第一項の規定による提出を受けたときは、その内容を確認
　し、当該提出を受けた日から、原則として一月以内に、申請者である第一項の特
　定新規中小企業者に対して、同項の個人ごとに様式第十による確認書を交付する

ものとする。

5　　都道府県知事は、前項の確認をしないときは、申請者である第一項の特定新規中小企業者に対して、同項の個人ごとに様式第十一によりその旨を通知するものとする。

第十三条　　特定新規中小企業者（第十一条第一項の確認を受けていないものに限る。）は、前条第一項の確認に加え、第十一条第一項各号のいずれかに該当することについて、都道府県知事の確認を受けることができる。この場合においては、前条第一項の様式第六による申請書に代えて、様式第七による申請書を都道府県知事に提出するものとする。

2　　第十一条第二項及び第三項の規定は、前項の確認の申請について準用する。この場合において、第十一条第二項第一号中「前項第一号」とあるのは「第十一条第一項第一号」と、同項第二号中「前項第二号」とあるのは「第十一条第一項第二号」と、「申請日」とあるのは「基準日（第十二条第二項第一号ハに規定する基準日をいう。）」と、同条第三項中「新規中小企業者」とあるのは「特定新規中小企業者」と、「様式第五」とあるのは「様式第十二」と読み替えるものとする。

（経営革新計画の承認の申請）
第十四条　　法第十四条第一項の規定により経営革新計画に係る承認を受けようとする中小企業者及び組合等は、様式第十三による申請書一通及びその写し一通を行政庁に提出しなければならない。

2　　前項の申請書及びその写しには、次の書類を添付しなければならない。
一　　当該中小企業者及び組合等（法人である場合に限る。）の定款
二　　当該中小企業者及び組合等（組合等の場合にあっては、当該経営革新計画に参加する全ての構成員）の最近二期間の事業報告書、貸借対照表及び損益計算書（これらの書類がない場合にあっては、最近一年間の事業内容の概要を記載した

書類）

3　　法第十四条第一項ただし書の代表者は、三名以内とする。

（経営革新計画の変更に係る承認の申請）

第十五条　　法第十五条第一項の規定により経営革新計画の変更に係る承認を受けようとする中小企業者及び組合等は、様式第十四による申請書一通及びその写し一通を行政庁に提出しなければならない。

2　　前項の申請書及びその写しには、次の書類を添付しなければならない。

一　　当該経営革新計画に従って行われる経営革新のための事業の実施状況を記載した書類

二　　定款に変更があった場合には、その変更後の定款

三　　前条第二項第二号に掲げる書類

（経営力向上設備等の要件）

第十六条　　法第十九条第三項の経営力向上に特に資するものとして経済産業省令で定める設備等は、次の各号のいずれかに該当するものとする。

一　　次の表の上欄に掲げる指定設備であって、次に掲げるいずれの要件（当該指定設備がソフトウエア（電子計算機に対する指令であって、一の結果を得ることができるように組み合わされたものをいう。以下この号及び次号において同じ。）である場合及びロの比較の対象となる設備が販売されていない場合にあっては、イに掲げる要件に限る。）にも該当するもの

指定設備		販売が開始された時期に係る要件
減価償却資産の種類	対象となるものの用途又は細目	
機械及び装置	全ての指定設備	当該設備の属する型式区分に係る販売開始日が、

		事業者が当該設備を導入した日の十年前の日の属する年度（その年の一月一日から十二月三十一日までの期間をいう。以下この表において同じ。）開始の日以後の日であること。
器具及び備品	全ての指定設備	当該設備の属する型式区分に係る販売開始日が、事業者が当該設備を導入した日の六年前の日の属する年度開始の日以後の日であること。
工具	測定工具及び検査工具（電気又は電子を利用するものを含む。）	当該設備の属する型式区分に係る販売開始日が、事業者が当該設備を導入した日の五年前の日の属する年度開始の日以後の日であること。
建物附属設備	全ての指定設備	当該設備の属する型式区分に係る販売開始日が、事業者が当該設備を導入した日の十四年前の日の属する年度開始の日以後の日であること。
建物	断熱材	当該設備の属する型式区分に係る販売開始日が、事業者が当該設備を導入した日の十四年前の日の
	断熱窓	

		属する年度開始の日以後の日であること。
ソフトウエア	設備の稼働状況等に係る情報収集機能及び分析・指示機能を有するもの	当該設備の属する型式区分に係る販売開始日が、事業者が当該設備を導入した日の五年前の日の属する年度開始の日以後の日であること。

- イ 当該指定設備の区分ごとに同表の下欄に掲げる販売が開始された時期に係る要件に該当するものであること。
- ロ 当該指定設備が、その属する型式区分（同一の製造業者が製造した同一の種別に属する設備を型式その他の事項により区分した場合の各区分をいう。以下この号において同じ。）に係る販売開始日に次いで新しい販売開始日の型式区分（当該指定設備の製造業者が製造した当該指定設備と同一の種別に属する設備の型式区分に限る。）に属する設備と比較して、生産効率、エネルギー効率、精度その他の経営力の向上に資するものの指標が年平均一パーセント以上向上しているものであること。
- 二　機械及び装置、工具、器具及び備品、建物、建物附属設備、構築物並びにソフトウエアのうち、事業者が策定した投資計画（次の算式により算定した当該投資計画における年平均の投資利益率が五パーセント以上となることが見込まれるものであることにつき経済産業大臣の確認を受けたものに限る。）に記載された投資の目的を達成するために必要不可欠な設備

各年度において増加する営業利益と減価償却費の合計額（設備の取得等をする年度の翌年度以降三箇年度におけるものに限る。）を平均した額÷設備の取得等をする年度におけるその取得等をする設備の取得価額の合計額

2　前項の設備等のうち、経営力向上に著しく資する設備等は、次の各号のいずれかに該当するものとする。

- 一　次の表の上欄に掲げる指定設備であって、次に掲げるいずれの要件（当該

指定設備がソフトウエア（電子計算機に対する指令であって、一の結果を得ることができるように組み合わされたものをいう。以下この号及び次号において同じ。）である場合及びロの比較の対象となる設備が販売されていない場合にあっては、イに掲げる要件に限る。）にも該当するもの

指定設備		販売が開始された時期に係る要件
減価償却資産の種類	対象となるものの用途又は細目	
機械及び装置	全ての指定設備（発電の用に供する設備にあっては、主として電気の販売を行うために取得又は製作をするものとして経済産業大臣が定めるものを除く。）	当該設備の属する型式区分に係る販売開始日が、事業者が当該設備を導入した日の十年前の日の属する年度（その年の一月一日から十二月三十一日までの期間をいう。以下この表において同じ。）開始の日以後の日であること。
器具及び備品	全ての指定設備（電子計算機にあっては情報通信業のうち自己の電子計算機の情報処理機能の全部又は一部の提供を行う事業を行う法人が取得又は製作をするものを除き、医療機器にあっては医療保健業を行う事業者が取得又は製作をするものを除く。）	当該設備の属する型式区分に係る販売開始日が、事業者が当該設備を導入した日の六年前の日の属する年度開始の日以後の日であること。

工具	測定工具及び検査工具（電気又は電子を利用するものを含む。）	当該設備の属する型式区分に係る販売開始日が、事業者が当該設備を導入した日の五年前の日の属する年度開始の日以後の日であること。
建物附属設備	全ての指定設備（医療保健業を行う事業者が取得又は建設をするものを除くものとし、発電の用に供する設備にあっては主として電気の販売を行うために取得又は建設をするものとして経済産業大臣が定めるものを除く。）	当該設備の属する型式区分に係る販売開始日が、事業者が当該設備を導入した日の十四年前の日の属する年度開始の日以後の日であること。
ソフトウエア	設備の稼働状況等に係る情報収集機能及び分析・指示機能を有するもの	当該設備の属する型式区分に係る販売開始日が、事業者が当該設備を導入した日の五年前の日の属する年度開始の日以後の日であること。

イ　当該指定設備の区分ごとに同表の下欄に掲げる販売が開始された時期に係る要件に該当するものであること。

ロ　当該指定設備が、その属する型式区分（同一の製造業者が製造した同一の種別に属する設備を型式その他の事項により区分した場合の各区分をいう。以下この号において同じ。）に係る販売開始日に次いで新しい販売開始日の型式区分（当該指定設備の製造業者が製造した当該指定設備と同一の種別に属する設備の型式区分に限る。）に属する設備と比較して、生産効率、エネルギー効

率、精度その他の経営力の向上に資するものの指標が年平均一パーセント以上
向上しているものであること。

二　　機械及び装置（発電の用に供する設備にあっては、主として電気の販売を行
うために取得又は製作をするものとして経済産業大臣が定めるものを除く。）、
工具、器具及び備品（電子計算機にあっては情報通信業のうち自己の電子計算機
の情報処理機能の全部又は一部の提供を行う事業を行う法人が取得又は製作をす
るものを除き、医療機器にあっては医療保健業を行う事業者が取得又は製作をす
るものを除く。）、建物附属設備（医療保健業を行う事業者が取得又は建設をす
るものを除くものとし、発電の用に供する設備にあっては主として電気の販売を
行うために取得又は建設をするものとして経済産業大臣が定めるものを除く。）
並びにソフトウエアのうち、事業者が策定した投資計画（次の算式により算定し
た当該投資計画における年平均の投資利益率が五パーセント以上となることが見
込まれるものであることにつき経済産業大臣の確認を受けたものに限る。）に記
載された投資の目的を達成するために必要不可欠な設備

各年度において増加する営業利益と減価償却費の合計額（設備の取得等をする年度
の翌年度以降三箇年度におけるものに限る。）を平均した額÷設備の取得等をす
る年度におけるその取得等をする設備の取得価額の合計額

（事業再編投資計画の認定の申請）

第十七条　　法第二十二条第一項の規定により事業再編投資計画に係る認定を受け
ようとする投資事業有限責任組合は、様式第十五による申請書を経済産業大臣に
提出しなければならない。

2　　前項の申請書には、次の書類を添付しなければならない。

一　　当該投資事業有限責任組合の組合契約書の写し

二　　当該投資事業有限責任組合の組合契約の登記をしたことを証する登記事項証
明書

三　　当該投資事業有限責任組合の無限責任組合員の直近の計算書類

四　　当該投資事業有限責任組合の無限責任組合員が経営力向上（事業承継等を行
うものに限る。）を図る中小企業者等に対する経営資源を高度に利用する方法に

係る指導の知識及び経験を有することを証する書類

五　　次に掲げる場合に応じ、それぞれ次に定める書類

　イ　　当該投資事業有限責任組合が事業再編投資を実施するに当たり法令上行政機関の許認可等（行政手続法（平成五年法律第八十八号）第二条第三号に規定する許認可等をいう。以下この号において同じ。）を必要とする場合　当該許認可等があったことを証する書類

　ロ　　当該投資事業有限責任組合が事業再編投資を実施するに当たり法令上行政機関に届出（行政手続法第二条第七号に規定する届出をいう。以下この号において同じ。）をしなければならない場合　当該届出をしたことを証する書類

六　　当該投資事業有限責任組合の収益の目標を定める書類

七　　当該投資事業有限責任組合の無限責任組合員が次のいずれにも該当しないことを証する書類

　イ　　破産手続開始の決定を受けて復権を得ない者又は外国の法令上これと同様に取り扱われている者

　ロ　　禁錮以上の刑（これに相当する外国の法令による刑を含む。）に処せられ、その執行を終わり、又は執行を受けることがなくなった日から五年を経過しない者

　ハ　　法の規定に違反し、罰金の刑に処せられ、その執行を終わり、又は執行を受けることがなくなった日から五年を経過しない者

　ニ　　暴力団員による不当な行為の防止等に関する法律（平成三年法律第七十七号）第二条第六号に規定する暴力団員（以下「暴力団員」という。）又は暴力団員でなくなった日から五年を経過しない者（以下「暴力団員等」という。）

　ホ　　認定事業再編投資組合が法第二十三条第二項の規定により認定を取り消された時において当該認定事業再編投資組合の無限責任組合員であった者であって、その取消しの日から五年を経過しない者

　ヘ　　法人でその役員のうちにイからホまでのいずれかに該当する者があるもの

　ト　　暴力団員等がその事業活動を支配する者

八　　当該投資事業有限責任組合の有限責任組合員が次のいずれにも該当しないことを証する書類

　イ　　暴力団員等

ロ　法人でその役員のうちにイに該当する者があるもの

ハ　暴力団員等がその事業活動を支配する者

（事業再編投資計画の認定）

第十八条　経済産業大臣は、法第二十二条第一項の規定により事業再編投資計画の提出を受けた場合において、速やかにその内容を審査し、当該事業再編投資計画の認定をするときは、その提出を受けた日から原則として一月以内に、当該認定に係る申請書の正本に次のように記載し、これに記名押印し、これを認定書として申請者たる投資事業有限責任組合に交付するものとする。

「中小企業等経営強化法第二十二条第一項の規定に基づき同法第二条第十五項に規定する事業再編投資を実施する事業再編投資計画として認定する。」

2　経済産業大臣は、前項の認定をしないときは、その旨及びその理由を記載した様式第十六による書面を当該投資事業有限責任組合に交付するものとする。

（事業再編投資計画の変更に係る認定の申請）

第十九条　法第二十三条第一項の規定により事業再編投資計画の変更に係る認定を受けようとする認定事業再編投資組合は、様式第十七による申請書を経済産業大臣に提出しなければならない。

2　前項の申請書には、次の書類を添付しなければならない。

一　当該事業再編投資計画に従って行われる事業再編投資の実施状況を記載した書類

二　第十七条第二項に掲げる書類

3　経済産業大臣は、法第二十三条第一項の変更の認定の申請に係る事業再編投資計画の提出を受けた場合において、速やかにその内容を審査し、当該事業再編投資計画の変更の認定をするときは、その提出を受けた日から原則として一月以内に、当該変更の認定に係る申請書の正本に次のように記載し、これに記名押印し、これを認定書として当該認定事業再編投資組合に交付するものとする。

「中小企業等経営強化法第二十三条第一項の規定に基づき認定する。」

4　　経済産業大臣は、前項の変更の認定をしないときは、その旨及びその理由を記載した様式第十八による書面を当該認定事業再編投資組合に交付するものとする。

　（認定事業再編投資計画の認定の取消し）

第二十条　　経済産業大臣は、法第二十三条第二項の規定により認定事業再編投資計画の認定を取り消すときは、その旨及びその理由を記載した様式第十九による書面を当該認定を取り消す認定事業再編投資組合に交付するものとする。

　（経営力向上関連保証の資金の要件）

第二十一条　　法第二十四条第七項に規定する認定経営力向上事業に必要な資金のうち経営力向上に特に資するものとして経済産業省令で定めるものは、認定経営力向上事業のうち新事業活動に必要な資金とする。

　（事業継続力強化計画の認定の申請）

第二十二条　　法第五十条第一項の規定により事業継続力強化計画に係る認定を受けようとする中小企業者は、様式第二十による申請書を経済産業大臣に提出しなければならない。

2　　前項の申請書には、経済産業大臣が同項の認定を行うに当たって参考となる、事業継続力強化に係る事項を記載した書類を添付することができる。

　（事業継続力強化設備等の要件）

第二十三条　　法第五十条第二項第二号ロの事業継続力強化に特に資する設備、機器又は装置として経済産業省令で定める設備等は、次の表に掲げる設備等のうち、認定事業継続力強化計画における同項第一号に掲げる目標の達成及び同項第二号に掲げる内容の実現又は認定連携事業継続力強化計画における法第五十二条第二項第一号に掲げる目標の達成及び同項第三号に掲げる内容の実現に資するも

のであることにつき経済産業大臣の確認を受けたものとする。

減価償却資産の種類	対象となるものの用途又は細目
機械及び装置	自然災害の発生が事業活動に与える影響の軽減に資する機能を有する次のいずれかに該当するものとして経済産業大臣が定めるもの。 一　自家発電設備、浄水装置、揚水ポンプその他の自然災害に起因する電気、ガス又は水道水の供給の停止の影響の軽減に資する機能を有するもの 二　排水ポンプその他の自然災害に起因する浸水の影響の軽減に資する機能を有するもの 三　制震装置、免震装置その他の自然災害に起因する設備の転倒又は損壊の影響の軽減に資する機能を有するもの
器具及び備品	全ての設備
建物附属設備	電気設備（照明設備を含む。）
	給排水又は衛生設備及びガス設備
	消火、排煙又は災害報知設備及び格納式避難設備
	可動間仕切り
	自然災害の発生が事業活動に与える影響の軽減に資する機能を有する次のいずれかに該当するものとして経済産業大臣が定めるもの。 一　制震装置、免震装置その他の自然災害に起因する設備の転倒又は損壊の

	影響の軽減に資する機能を有するもの
	二　防水シャッターその他の自然災害に起因する浸水の影響の軽減に資する機能を有するもの
	三　防火シャッターその他の自然災害に起因する発火の影響の軽減に資する機能を有するもの

（事業継続力強化計画の変更に係る認定の申請）

第二十四条　　法第五十一条第一項の規定により事業継続力強化計画の変更に係る認定を受けようとする中小企業者は、様式第二十一による申請書を経済産業大臣に提出しなければならない。

2　　前項の申請書には、次の書類を添付しなければならない。

一　　当該事業継続力強化計画に従って行われる事業継続力強化の実施状況を記載した書類

二　　第二十二条第二項の規定により添付した書類に変更があった場合には、その変更後の書類

3　　第一項の申請書には、経済産業大臣が同項の認定を行うに当たって参考となる、事業継続力強化に係る事項を記載した書類を添付することができる。

（連携事業継続力強化計画の認定の申請）

第二十五条　　法第五十二条第一項の規定により連携事業継続力強化計画に係る認定を受けようとする中小企業者は、様式第二十二による申請書を経済産業大臣に提出しなければならない。

2　　前項の申請書には、連携事業継続力強化を行う大企業者がある場合は、当該大企業者の当該連携事業継続力強化計画に関する同意書の写しを添付しなければ

ならない。

3　第一項の申請書には、経済産業大臣が同項の認定を行うに当たって参考となる、連携事業継続力強化に係る事項を記載した書類を添付することができる。

4　法第五十二条第一項の代表者は、一名とする。

（連携事業継続力強化計画の変更に係る認定の申請）
第二十六条　法第五十三条第一項の規定により連携事業継続力強化計画の変更に係る認定を受けようとする中小企業者は、様式第二十三による申請書を経済産業大臣に提出しなければならない。

2　前項の申請書には、次の書類を添付しなければならない。
一　当該連携事業継続力強化計画に従って行われる連携事業継続力強化の実施状況を記載した書類
二　前条第二項の規定により添付した書類に係る同項に規定する同意書に変更があった場合には、その変更後の写し
三　前条第三項の規定により添付した書類に変更があった場合には、その変更後の書類

3　第一項の申請書には、経済産業大臣が同項の認定を行うに当たって参考となる、連携事業継続力強化に係る事項を記載した書類を添付することができる。

（経済産業大臣への通知）
第二十七条　法第七十八条第二項の規定により都道府県知事が法第十四条第一項又は法第十五条第一項の規定による承認をした場合には、速やかに申請書の写しに承認した旨を付記して、当該都道府県を管轄する経済産業局長を経由して経済産業大臣に、送付しなければならない。

　　附　則

　　この省令は、公布の日から施行する。

　　附　則（平成一二・九・一九通令一五九）

　　この省令は、平成十三年一月六日から施行する。

　　附　則（平成一三・一二・二一経産令二三二）

　　この省令は、経済社会の急速な変化に対応して行う中高年齢者の円滑な再就職の促進、雇用の機会の創出等を図るための雇用保険法等の臨時の特例措置に関する法律の施行の日（平成十四年一月一日）から施行する。

　　　附　則（平成一七・四・一三経産令五四）抄

（施行期日）
第一条　　この省令は、中小企業経営革新支援法の一部を改正する法律の施行の日から施行する。

　　　附　則（平成一七・五・二経産令五九）

　　この省令は、公布の日から施行する。

　　　附　則（平成一八・四・二八経産令六三）抄

（施行期日）
第一条　　この省令は、会社法の施行の日（平成十八年五月一日）から施行する。

　　　附　則（平成一九・三・三〇経産令二三）

（施行期日）

第一条　　この省令は、平成十九年四月一日から施行する。

（経過措置）

第二条　　この省令の施行前に中小企業の新たな事業活動の促進に関する法律（以下「法」という。）第七条に規定する特定新規中小企業者の発行する株式を払込みにより個人が取得した場合における法第八条の規定による確認に係る特定新規中小企業者の要件については、なお従前の例による。

　　　附　則（平成一九・九・二八経産令六六）抄

（施行期日）

第一条　　この省令は、証券取引法等の一部を改正する法律の施行の日（平成十九年九月三十日）から施行する。

　　　附　則（平成二〇・四・三〇経産令三三）

　　この省令は、公布の日から施行し、改正後の中小企業の新たな事業活動の促進に関する法律施行規則の規定は、平成二十年四月一日から適用する。

　　　附　則（平成二四・八・三〇経産令五八）

　　この省令は、中小企業の海外における商品の需要の開拓の促進等のための中小企業の新たな事業活動の促進に関する法律等の一部を改正する法律の施行の日（平成二十四年八月三十日）から施行する。

　　　附　則（平成二五・九・二五経産令四九）

（施行期日）

第一条　　この省令は、平成二十五年九月二十五日から施行する。

（特定新規中小企業者の確認に関する経過措置）

第二条　　経済産業大臣は、新規中小企業者がこの省令による改正前の様式第一による申請書を平成二十五年十月二十五日までに経済産業大臣に提出したときは、その者に対し、なお従前の例により確認書を交付すること又は確認をしない旨の通知をすることができる。

（特定新規中小企業者に係る株式の払込みの確認に関する経過措置）

第三条　　経済産業大臣は、特定新規中小企業者がこの省令による改正前の様式第四による申請書、様式第五による宣言書及び様式第六による書面を平成二十五年十月二十五日までに経済産業大臣に提出したときは、その者に対し、なお従前の例により確認書を交付すること又は確認をしない旨の通知をすることができる。

　　　附　則（平成二六・九・二九経産令五一）

　この省令は、貿易保険法の一部を改正する法律の施行の日（平成二十六年十月一日）から施行する。

　　　附　則（平成二八・三・二四経産令二九）

　この省令は、中小企業の新たな事業活動の促進に関する法律施行令の一部を改正する政令の施行の日（平成二十八年四月一日）から施行する。

　　　附　則（平成二八・六・三〇経産令八一）

　この省令は、中小企業の新たな事業活動の促進に関する法律の一部を改正する法律の施行の日〔平成二八年七月一日〕から施行する。

　　　附　則（平成二九・三・一四経産令一二）

（施行期日）
第一条　この省令は、平成二十九年三月十五日から施行する。

（経過措置）
第二条　この省令の施行の際現に認定の申請がされている経営力向上計画（中小
　企業等経営強化法（平成十一年法律第十八号）第十三条第一項に規定する経営力
　向上計画をいう。）に記載されている経営力向上設備等の要件については、なお
　従前の例による。

　　附　則（平成三〇・七・六経産令三九）
　この省令は、産業競争力強化法等の一部を改正する法律の施行の日（平成三十
　年七月九日）から施行する。

　　附　則（平三一・三・二九経産令四一）
（施行期日）
1　この省令は、平成三十一年四月一日から施行する。

（経過措置）
2　改正後の中小企業等経営強化法施行規則第八条第二項の規定は、中小企業者
　等（中小企業等経営強化法第二条第二項に規定する中小企業者等をいう。以下同
　じ。）がこの省令の施行の日以後に受ける同法第十三条第一項の認定（同法第十
　四条第一項の規定による変更の認定を含む。以下「認定」という。）のうち同日
　以後に申請がされるものに係る経営力向上計画（同法第十三条第一項に規定する
　経営力向上計画をいう。以下同じ。）に記載された同条第三項に規定する経営力
　向上設備等（機械及び装置並びに建物附属設備に限る。）について適用し、中小
　企業者等が、同日前に受けた認定及び同日以後に受ける認定のうち同日前に申請
　がされたものに係る経営力向上計画に記載された同項に規定する経営力向上設備
　等（機械及び装置並びに建物附属設備に限る。）については、なお従前の例によ
　る。

　　附　則（令和元・五・七経産令一）

　この省令は、公布の日から施行する。

　　附　則（令和元・七・一経産令一七）

　この省令は、不正競争防止法等の一部を改正する法律の施行の日（令和元年七月一日）から施行する。

　　附　則（令和元・七・五経産令一九）

　この省令は、公布の日から施行する。

　　附　則（令和元・七・一二経産令二〇）

　この省令は、中小企業の事業活動の継続に資するための中小企業等経営強化法等の一部を改正する法律の施行の日（令和元年七月十六日）から施行する。

〈重要法令シリーズ014〉

中小企業等経営強化法
法律・施行令・施行規則

2020 年 4 月 25 日　第 1 版第 1 刷発行

発 行 者　　今 井　　貴
発 行 所　　　株式会社 信山社
〒113-0033 東京都文京区本郷6-2-9-102
Tel 03-3818-1019
Fax 03-3818-0344
info@shinzansha.co.jp
出版契約 No.2020-7084-6-01010　Printed in Japan

印刷・製本／亜細亜印刷・渋谷文泉閣
ISBN978-4-7972-7084-6　012-045-015 C3332
分類325.150.　e014 P164. 企業法

日本立法資料全集

芦部信喜・高見勝利 編著
『皇室典範〔昭和22年〕』

塩野宏・小早川光郎 編著
『行政手続法制定資料〔平成5年〕(1)議事録編 I 』

巻数	書　名	編・著者　等	ISBN	本体価格
1	皇室典範	芦部信喜、高見勝利	978-4-88261-200-1	36,893 円
2	信託法・信託業法〔大正11年〕	山田昭	978-4-88261-201-8	43,689 円
3	議院法〔明治22年〕	大石眞	978-4-88261-202-5	40,777 円
4	會計法〔明治22年〕	小柳春一郎	978-4-88261-203-2	48,544 円
5	行政事件訴訟法〔昭和37年〕（1）	塩野宏	978-4-88261-206-3	48,544 円
6	行政事件訴訟法〔昭和37年〕（2）	塩野宏	978-4-88261-207-0	48,544 円
7	皇室経済法〔昭和22年〕	芦部信喜、高見勝利	978-4-88261-210-0	48,544 円
8	刑法草按注解　上〔旧刑法別冊（1）〕	吉井蒼生夫、藤田正、新倉修	978-4-88261-211-7	36,893 円
9	刑法草按註解　下〔旧刑法別冊（2）〕	吉井蒼生夫、藤田正、新倉修	978-4-88261-212-4	36,893 円
10	民事訴訟法〔大正改正編〕（1）	松本博之、河野正憲、徳田和幸	978-4-88261-213-1	48,544 円
11	民事訴訟法〔大正改正編〕（2）	松本博之、河野正憲、徳田和幸	978-4-88261-214-8	48,544 円
12	民事訴訟法〔大正改正編〕（3）	松本博之、河野正憲、徳田和幸	978-4-88261-215-5	34,951 円
13	民事訴訟法〔大正改正編〕（4）	松本博之、河野正憲、徳田和幸	978-4-88261-216-2	38,835 円
14	民事訴訟法〔大正改正編〕（5）	松本博之、河野正憲、徳田和幸	978-4-88261-217-9	36,893 円
15	民事訴訟法〔大正改正編〕総索引	松本博之、河野正憲、徳田和幸	978-4-88261-218-6	2,913 円
16	明治皇室典範〔明治22年〕（上）	小林宏、島善高	978-4-88261-208-7	35,922 円
17	明治皇室典範〔明治22年〕（下）	小林宏、島善高	978-4-88261-209-4	45,000 円
18	大正少年法〔大正11年〕（上）	森田明	978-4-88261-204-9	43,689 円
19	大正少年法〔大正11年〕（下）	森田明	978-4-88261-205-6	43,689 円
20	刑法〔明治40年〕（1）-Ⅰ	内田文昭、山火正則、吉井蒼生夫	978-4-88261-223-0	45,000 円
20-2	刑法〔明治40年〕（1）-Ⅱ	内田文昭、山火正則、吉井蒼生夫	978-4-7972-4251-5	50,000 円
20-3	刑法〔明治40年〕（1）-Ⅲ	内田文昭、山火正則、吉井蒼生夫	978-4-7972-4252-2	45,000 円
21	刑法〔明治40年〕（2）	内田文昭、山火正則、吉井蒼生夫	978-4-88261-224-7	38,835 円
22	刑法〔明治40年〕（3）-Ⅰ	内田文昭、山火正則、吉井蒼生夫	978-4-88261-225-4	29,126 円
23	刑法〔明治40年〕（3）-Ⅱ	内田文昭、山火正則、吉井蒼生夫	978-4-88261-231-5	35,922 円
24	刑法〔明治40年〕（4）	内田文昭、山火正則、吉井蒼生夫	978-4-88261-226-1	43,689 円
25	刑法〔明治40年〕（5）	内田文昭、山火正則、吉井蒼生夫	978-4-88261-227-8	31,068 円
26	刑法〔明治40年〕（6）	内田文昭、山火正則、吉井蒼生夫	978-4-88261-228-5	32,039 円
27	刑法〔明治40年〕（7）	内田文昭、山火正則、吉井蒼生夫	978-4-88261-229-2	30,097 円

巻数	書名	編・著者 等	ISBN	本体価格
29	旧刑法〔明治13年〕（1）	西原春夫、吉井蒼生夫、藤田正、新倉修	978-4-88261-232-2	31,068 円
30	旧刑法〔明治13年〕（2）-Ⅰ	西原春夫、吉井蒼生夫、藤田正、新倉修	978-4-88261-233-9	33,981 円
31	旧刑法〔明治13年〕（2）-Ⅱ	西原春夫、吉井蒼生夫、藤田正、新倉修	978-4-88261-234-6	32,039 円
32	旧刑法〔明治13年〕（3）-Ⅰ	西原春夫、吉井蒼生夫、藤田正、新倉修	978-4-88261-235-3	39,806 円
33	旧刑法〔明治13年〕（3）-Ⅱ	西原春夫、吉井蒼生夫、藤田正、新倉修	978-4-88261-236-0	30,000 円
34	旧刑法〔明治13年〕（3）-Ⅲ	西原春夫、吉井蒼生夫、藤田正、新倉修	978-4-88261-237-7	35,000 円
35	旧刑法〔明治13年〕（3）-Ⅳ	西原春夫、吉井蒼生夫、藤田正、新倉修	978-4-7972-2072-8	45,000 円
36-Ⅰ	旧刑法〔明治13年〕（4）-Ⅰ	西原春夫、吉井蒼生夫、藤田正、新倉修	978-4-7972-2073-5	48,000 円
36-Ⅱ	旧刑法〔明治13年〕（4）-Ⅱ	西原春夫、吉井蒼生夫、藤田正、新倉修	978-4-7972-2074-2	60,000 円
37	行政事件訴訟法〔昭和37年〕（3）	塩野宏	978-4-88261-240-7	29,126 円
38	行政事件訴訟法〔昭和37年〕（4）	塩野宏	978-4-88261-241-4	34,951 円
39	行政事件訴訟法〔昭和37年〕（5）	塩野宏	978-4-88261-242-1	37,864 円
40	行政事件訴訟法〔昭和37年〕（6）	塩野宏	978-4-88261-243-8	26,214 円
41	行政事件訴訟法〔昭和37年〕（7）	塩野宏	978-4-88261-244-5	25,243 円
42	国家賠償法〔昭和22年〕	宇賀克也	978-4-7972-3011-6	50,000 円
43	民事訴訟法〔明治36年草案〕（1）	松本博之、河野正憲、徳田和幸	978-4-88261-219-3	37,864 円
44	民事訴訟法〔明治36年草案〕（2）	松本博之、河野正憲、徳田和幸	978-4-88261-220-9	33,010 円
45	民事訴訟法〔明治36年草案〕（3）	松本博之、河野正憲、徳田和幸	978-4-88261-221-6	34,951 円
46	民事訴訟法〔明治36年草案〕（4）	松本博之、河野正憲、徳田和幸	978-4-88261-222-3	43,689 円
47	会社更生法〔昭和27年〕（1）GHQ交渉編	位野木益雄	978-4-88261-248-3	31,068 円
48	会社更生法〔昭和27年〕（2）GHQ交渉編	位野木益雄	978-4-88261-249-0	33,981 円
49	会社更生法〔昭和27年〕（3）国会審議編	青山善充	978-4-7972-4196-9	70,000 円
51	労働基準法〔昭和27年〕（1）	渡辺章	978-4-88261-256-8	43,689 円
52	労働基準法〔昭和27年〕（2）	渡辺章	978-4-88261-257-5	55,000 円
53	労働基準法〔昭和27年〕（3）上	渡辺章	978-4-88261-258-2	35,000 円
54	労働基準法〔昭和27年〕（3）下	渡辺章	978-4-88261-259-9	34,000 円
55	労働基準法〔昭和22年〕（4）上	渡辺章、野田進	978-4-7972-2341-5	50,000 円
56	労働基準法〔昭和22年〕（4）下	渡辺章、野田進	978-4-7972-2342-2	38,000 円
61	民事訴訟法〔戦後改正編〕（1）	松本博之	978-4-7972-4300-0	50,000 円
62	民事訴訟法〔戦後改正編〕（2）	松本博之	978-4-88261-254-4	42,000 円
63	民事訴訟法〔戦後改正編〕（3）-Ⅰ	松本博之	978-4-88261-265-0	36,000 円

巻数	書　名	編・著者　等	ISBN	本体価格
64	民事訴訟法〔戦後改正編〕(3)-Ⅱ	松本博之	978-4-88261-266-7	38,000 円
65	民事訴訟法〔戦後改正編〕(4)-Ⅰ	松本博之	978-4-88261-267-4	40,000 円
66	民事訴訟法〔戦後改正編〕(4)-Ⅱ	松本博之	978-4-88261-268-1	38,000 円
68	事業者団体法〔昭和23年〕	今村成和、厚谷襄兒	978-4-7972-4296-6	60,000 円
71	日本国憲法制定資料全集(1)	芦部信喜、髙橋和之、高見勝利、日比野勤	978-4-7972-2021-6	33,010 円
72	日本国憲法制定資料全集(2)	芦部信喜、髙橋和之、高見勝利、日比野勤	978-4-7972-2022-3	35,000 円
7Ⅲ-	日本国憲法制定資料全集(4)-Ⅰ	芦部信喜、髙橋和之、高見勝利、日比野勤	978-4-7972-2024-7	45,000 円
7Ⅲ-	日本国憲法制定資料全集(4)-Ⅱ	芦部信喜、髙橋和之、高見勝利、日比野勤	978-4-7972-2025-4	40,000 円
75	日本国憲法制定資料全集(5)	芦部信喜、髙橋和之、高見勝利、日比野勤	978-4-7972-2026-1	45,000 円
76	日本国憲法制定資料全集(6)	芦部信喜、髙橋和之、高見勝利、日比野勤	978-4-7972-2027-8	30,000 円
80	日本国憲法制定資料全集(10) 臨時法制調査会Ⅰ	芦部信喜、髙橋和之、高見勝利、日比野勤	978-4-7972-2031-5	50,000 円
80	日本国憲法制定資料全集(11) 臨時法制調査会Ⅱ	芦部信喜、髙橋和之、高見勝利、日比野勤	978-4-7972-2032-2	55,000 円
80	日本国憲法制定資料全集(12) 臨時法制調査会Ⅲ	芦部信喜、髙橋和之、高見勝利、日比野勤	978-4-7972-2033-9	50,000 円
83	日本国憲法制定資料全集(13) 衆議院議事録(1)	芦部信喜、髙橋和之、高見勝利、日比野勤	978-4-7972-2034-6	60,000 円
84	日本国憲法制定資料全集(14) 衆議院議事録(2)	芦部信喜、髙橋和之、高見勝利、日比野勤	978-4-7972-2035-3	60,000 円
85	日本国憲法制定資料全集(15) 衆議院議事録(3)	芦部信喜、髙橋和之、高見勝利、日比野勤	978-4-7972-2036-0	60,000 円
86	日本国憲法制定資料全集(16) 貴族院議事録(1)	芦部信喜、髙橋和之、高見勝利、日比野勤	978-4-7972-2037-7	56,000 円
87	日本国憲法制定資料全集(17) 貴族院議事録(2)	芦部信喜、髙橋和之、高見勝利、日比野勤	978-4-7972-2038-4	52,000 円
88	日本国憲法制定資料全集(18) 貴族院議事録(3)	芦部信喜、髙橋和之、高見勝利、日比野勤	978-4-7972-2075-9	52,000 円
89	日本国憲法制定資料全集(19) 貴族院議事録(4)	芦部信喜、髙橋和之、高見勝利、日比野勤	978-4-7972-2076-6	54,000 円
90	日本国憲法制定資料全集(20) 帝国議会議事録総索引	芦部信喜、髙橋和之、高見勝利、日比野勤	978-4-7972-2077-3	30,000 円
91	商法改正〔昭和25年・26年〕 GHQ／SCAP文書	中東正文	978-4-7972-4121-1	38,000 円
92	外国弁護士法(上)	小島武司	978-4-7972-4290-4	50,000 円
93	外国弁護士法(下)	小島武司	978-4-7972-4291-1	45,000 円
94	裁判所構成法	小柳春一郎、蕪山巖	978-4-7972-4002-3	56,000 円 ※直販のみ
95	裁判所構成法註釋 竝に裁判所構成法議事速記録	オットー・ルドルフ、篠塚春世	978-4-7972-4294-2	100,000 円
101	不戦条約(上)国際法先例資料集(1)	柳原正治	978-4-7972-2070-4	43,000 円

巻数	書名	編・著者 等	ISBN	本体価格
102	不戦条約(下)国際法先例資料集(2)	柳原正治	978-4-7972-2071-1	43,000 円
103	行政手続法制定資料〔平成5年〕(1) 議事録編 I	塩野宏、小早川光郎	978-4-7972-0291-5	60,000 円
104	行政手続法制定資料〔平成5年〕(2) 議事録編 II	塩野宏、小早川光郎	978-4-7972-0292-2	70,000 円
105	行政手続法制定資料〔平成5年〕(3) 議事録編 III	塩野宏、小早川光郎	978-4-7972-0293-9	60,000 円
106	行政手続法制定資料〔平成5年〕(4) 要綱案関係資料編 I	塩野宏、小早川光郎	978-4-7972-0294-6	40,000 円
107	行政手続法制定資料〔平成5年〕(5) 要綱案関係資料編 II	塩野宏、小早川光郎	978-4-7972-0295-3	40,000 円
108	行政手続法制定資料〔平成5年〕(6) 参考資料編 I	塩野宏、小早川光郎	978-4-7972-0296-0	45,000 円
109	行政手続法制定資料〔平成5年〕(7) 参考資料編 II	塩野宏、小早川光郎	978-4-7972-0297-7	40,000 円
110	行政手続法制定資料〔平成5年〕(8) 参考資料編 III	塩野宏、小早川光郎	978-4-7972-0298-4	45,000 円
111	行政手続法制定資料〔平成5年〕(9) 参考資料編 IV	塩野宏、小早川光郎	978-4-7972-0299-1	55,000 円
112	行政手続法制定資料〔平成5年〕(10) 参考資料編 V	塩野宏、小早川光郎	978-4-7972-0300-4	45,000 円
113	行政手続法制定資料(11) 〔平成17年改正〕議事録編	塩野宏、宇賀克也	978-4-7972-3005-5	60,000 円
114	行政手続法制定資料(12) 〔平成17年改正〕立案資料編	塩野宏、宇賀克也	978-4-7972-3006-2	75,000 円
115	行政手続法制定資料(13) 〔平成17年改正〕参考資料編 I	塩野宏、宇賀克也	978-4-7972-3007-9	64,000 円
116	行政手続法制定資料(14) 〔平成17年改正〕参考資料編 II	塩野宏、宇賀克也	978-4-7972-3008-6	50,000 円
117	行政手続法制定資料(15) 〔平成17年改正〕参考資料編 III	塩野宏、宇賀克也	978-4-7972-3009-3	63,000 円
118	行政手続法制定資料(16) 〔平成17年改正〕参考資料編 IV	塩野宏、宇賀克也	978-4-7972-3010-9	63,000 円
121	刑事訴訟法制定資料全集 昭和刑事訴訟法編(1)	井上正仁、渡辺咲子、 田中開	978-4-7972-4181-5	20,000 円
122	刑事訴訟法制定資料全集 昭和刑事訴訟法編(2)	井上正仁、渡辺咲子、 田中開	978-4-7972-4182-2	40,000 円
123	刑事訴訟法制定資料全集 昭和刑事訴訟法編(3)	井上正仁、渡辺咲子、 田中開	978-4-7972-4183-9	40,000 円
124	刑事訴訟法制定資料全集 昭和刑事訴訟法編(4)	井上正仁、渡辺咲子、 田中開	978-4-7972-4184-6	35,000 円
125	刑事訴訟法制定資料全集 昭和刑事訴訟法編(5)	井上正仁、渡辺咲子、 田中開	978-4-7972-4185-3	40,000 円
126	刑事訴訟法制定資料全集 昭和刑事訴訟法編(6)	井上正仁、渡辺咲子、 田中開	978-4-7972-4186-0	60,000 円

巻数	書　名	編・著者　等	ISBN	本体価格
127	**刑事訴訟法制定資料全集** 昭和刑事訴訟法編（7）	井上正仁、渡辺咲子、 田中開	978-4-7972-4187-7	65,000 円
128	**刑事訴訟法制定資料全集** 昭和刑事訴訟法編（8）	井上正仁、渡辺咲子、 田中開	978-4-7972-4188-4	40,000 円
129	**刑事訴訟法制定資料全集** 昭和刑事訴訟法編（9）	井上正仁、渡辺咲子、 田中開	978-4-7972-4189-1	60,000 円
130	**刑事訴訟法制定資料全集** 昭和刑事訴訟法編（10）	井上正仁、渡辺咲子、 田中開	978-4-7972-4190-7	40,000 円
131	**刑事訴訟法制定資料全集** 昭和刑事訴訟法編（11）	井上正仁、渡辺咲子、 田中開	978-4-7972-4191-4	58,000 円
132	**刑事訴訟法制定資料全集** 昭和刑事訴訟法編（12）	井上正仁、渡辺咲子、 田中開	978-4-7972-4192-1	58,000 円
133	**刑事訴訟法制定資料全集** 昭和刑事訴訟法編（13）	井上正仁、渡辺咲子、 田中開	978-4-7972-4193-8	60,000 円
134	**刑事訴訟法制定資料全集** 昭和刑事訴訟法編（14）	井上正仁、渡辺咲子、 田中開	978-4-7972-4194-5	45,000 円
151	国税徴収法〔昭和改正編〕（1） ―租税法制定資料全集	三ケ月章、加藤一郎、 青山善充、碓井光明	978-4-7972-4081-8	40,000 円
152	国税徴収法〔昭和改正編〕（2） ―租税法制定資料全集	三ケ月章、加藤一郎、 青山善充、碓井光明	978-4-7972-4082-5	35,000 円
153	国税徴収法〔昭和改正編〕（3） ―租税法制定資料全集	三ケ月章、加藤一郎、 青山善充、碓井光明	978-4-7972-4083-2	35,000 円
154	国税徴収法〔昭和改正編〕（4） ―租税法制定資料全集	三ケ月章、加藤一郎、 青山善充、碓井光明	978-4-7972-4084-9	35,000 円
155	国税徴収法〔昭和改正編〕（5） ―租税法制定資料全集	三ケ月章、加藤一郎、 青山善充、碓井光明	978-4-7972-4085-6	38,000 円
156	国税徴収法〔昭和改正編〕（6） ―租税法制定資料全集	三ケ月章、加藤一郎、 青山善充、碓井光明	978-4-7972-4086-3	27,000 円
191	民事訴訟法〔明治編〕（1） テヒョー草案Ⅰ	松本博之、徳田和幸	978-4-7972-4301-7	40,000 円
192	民事訴訟法〔明治編〕（2） テヒョー草案Ⅱ	松本博之、徳田和幸	978-4-7972-4302-4	55,000 円
193	民事訴訟法〔明治編〕（3） テヒョー草案Ⅲ	松本博之、徳田和幸	978-4-7972-4303-1	65,000 円
194	民事訴訟法〔明治23年〕（1）	松本博之、徳田和幸	978-4-7972-4305-5	40,000 円
195	民事訴訟法〔明治23年〕（2）	松本博之、徳田和幸	978-4-7972-4306-2	53,000 円
196	民事訴訟法〔明治23年〕（3）	松本博之、徳田和幸	978-4-7972-4307-9	40,000 円
197	民事訴訟法〔明治23年〕（4）	松本博之、徳田和幸	978-4-7972-4308-6	40,000 円
198	民事訴訟法〔明治23年〕（5）	松本博之、徳田和幸	978-4-7972-4309-3	38,000 円
201	日本民法典資料集成 1 ―民法典編纂の新方針	広中俊雄	978-4-7972-4041-2	200,000 円 ※直販のみ

日本立法資料全集 別巻

Ⅰ 明治期の重要法律を解説する註釈書・体系書等の復刻！

　本シリーズは、明治期における、立法作業に従事した司法官（磯部四郎・宮城浩蔵・岸本辰雄等の司法省法学校出身者、フランス留学経験者など）が、執筆・刊行した註釈書・体系書、立案参考資料とされた 19 世紀ヨーロッパの代表的著作（オルトラン、ムールロン、デルンブルヒ、アコラスなど）の翻訳等を中心として系統的に刊行しています。

Ⅱ 日本の立法史研究に必備のシリーズ！

　本シリーズは、基本六法を中心として、重要な法律の成立、変遷がみえるように、憲法・行政法・民法・商法・民事訴訟法・刑法・刑事訴訟法などの主要文献を網羅的に刊行して、立法史研究に資するように配慮しています。

Ⅲ 19 世紀西洋法継受と学説史研究のための必須文献の宝庫！

　治外法権、関税自主権の不平等克服のために始まった、西洋法継受と学説継受の実像は、関東大震災、第二次世界大戦の空襲等により文献史料が失われ、フランス、ドイツ、イギリス等の 19 世紀後半の欧文資料にくらべ、司法省法学校、各法律学校、東京大学等の関係者が刊行したわが国の文献が散逸して、法学継受史研究は、著しく遅れていました。本シリーズは、このような状況を克服するために、全国に散在する文献原本を調査して刊行をしています。

Ⅳ 既刊、1200 冊以上、平均価格 45,000 円、少部数発行！

監修 新堂幸司／松尾浩也

日本裁判資料全集

日本裁判資料全集 1・2

東京予防接種禍訴訟 上巻・下巻

中平健吉・大野正男
廣田富男・山川洋一郎
秋山幹男・河野　敬 編集

上巻　本体：**30,000**円　ISBN978-4-7972-6011-4

下巻　本体：**28,000**円　ISBN978-4-7972-6012-2

1973 年に提訴された予防接種被害東京訴訟（被害者 62 家族）の 26 年間にわたる裁判記録。予防接種被害の救済を求め、被害者とその弁護士が権利の実現のためにいかに戦い、裁判所がその使命をどのように果たしたか。第 1 編訴訟の概要・経過では弁護団の雑談会がリアルに物語っている。第 2 編以降では訴状、答弁書、準備書面等、さらに意見陳述、証言、尋問調書等、原告の「生の声」をも収録した貴重なドキュメンタリー。全 2 巻、総 1820 頁に訴訟の全てを凝縮。

日本裁判資料全集 3・4

長銀最高裁無罪事件 上巻・下巻

更田義彦・倉科直文
國廣　正・坂井　眞
五味祐子 編集

上巻　本体：**30,000**円　ISBN978-4-7972-6019-9

下巻　本体：**29,000**円　ISBN978-4-7972-6020-5

私達の生きる社会と司法との関係や報道のあり方など、より良い司法社会の展望を拓く、生きた裁判ドキュメンタリー。頭取、副頭取の弁護資料を中心に、裁判がいかになされ、どのように無罪判決を勝ち取ったのか。裁判過程での問題点を照らし出すとともに、上下巻とも、各部には新たな【解説】が付され、事件の概要、立件の経緯・弁護体制、公判手続の緒戦部分の記録等をわかりやすく編集・収載。法実践の方法論を学習するために、実務家、研究者、法科大学院生必読の書。